Richard Strauss
Elektra

SERIE MUSIK
PIPER·SCHOTT

Band 8043

Über dieses Buch

Elektra war Ausgangspunkt der Verbindung von Richard Strauss und Hugo von Hofmannsthal; mit ihr begann eine Zusammenarbeit zwischen Textdichter und Komponisten, wie sie die Operngeschichte in ähnlich idealer Form kein zweites Mal hervorgebracht hat. Strauss konnte sich in *Elektra* gewissermaßen ausleben: Die musikalische Umsetzung des Grauenhaften gelang ihm ebenso treffend wie die des Erhabenen; die Töne von Liebe gestaltete er genau so unmittelbar wie die von Haß.

Kurt Pahlen, geboren 1907 in Wien, Dr. phil. (Musikwissenschaft), war in Buenos Aires Generalmusikdirektor der Filharmònica Metropolitana und Direktor des Teatro Colón sowie an der Universität Montevideo Gründer und Inhaber des Lehrstuhls für Musikgeschichte. Als Gastdirigent bedeutender Konzert- und Opernorchester, Gastprofessor vor allem südamerikanischer Universitäten und Verfasser von über 50 in zahlreiche Sprachen übersetzten Büchern mit breit gefächerter Thematik, erwarb er sich einen internationalen Ruf als Pionier des Musiklebens. Sein besonderes Engagement gilt mit jährlich mehr als 200 Vorträgen der einführenden Vermittlung des Opernrepertoires an ein breites Publikum. 1994 wurde ihm die Ehrendoktorwürde der Universität Buenos Aires verliehen.

Die Reihe Opern der Welt in der Serie Musik Piper Schott gibt einen umfassenden Überblick über die Standardwerke des Spielplans.

Richard Strauss

Elektra

Textbuch

Einführung und Kommentar
von Kurt Pahlen
unter Mitarbeit von Rosmarie König

Schott Mainz · Piper München

SERIE MUSIK
PIPER · SCHOTT

ISBN 3-7957-8043-8 (Schott)
ISBN 3-492-18043-4 (Piper)
Originalausgabe April 1995
© von Klavierauszug und Libretto
1908 Adolph Fürstner Verlag, Berlin,
© 1887 assigned to Fürstner Musikverlag Mainz
© 1995 Schott Musik International, Mainz · BSS 48411
Umschlag: Federico Luci
Druck und Bindung: Clausen & Bosse, Leck
Printed in Germany

Inhalt

Richard Strauss (1894)

Zur Aufführung

»ELEKTRA«

BEZEICHNUNG
Tragödie in einem Aufzug
von Hugo von Hofmannsthal

Musik von
RICHARD STRAUSS
Opus 54

Uraufführung: 25.1.1909 in Dresden
unter der Leitung von Ernst von Schuch

PERSONENVERZEICHNIS

Klytämnestra, Witwe des Agamemnon und
Gattin des Aegisth . . . . Mezzosopran

Elektra . . . . . . ⎤ . . . . Sopran
Chrysothemis ⎬ ihre und Agamemnons Kinder . . .Sopran
Orest . . . . . . ⎦ . . . . Bariton

Aegisth. . . . . Tenor

Der Pfleger und Begleiter des Orest . . . . Baß

Die Vertraute . . . . . . ⎤ . . . . Sopran
Die Schleppträgerin ⎦ der Klytämnestra . . . . Sopran

Ein junger Diener ⎤ im Palast von Mykene . . . . . Tenor
Ein alter Diener ⎦

Die Aufseherin und fünf Mägde . . . . 3 Soprane,
2 Mezzosoprane und 1 Alt

Dienerinnen und Diener im Palast zu Mykene . . . Chor

SCHAUPLATZ UND ZEIT DER HANDLUNG:
Ein Hof des Königspalastes von Mykene (Griechenland) in früh-
geschichtlicher Zeit, nach dem Trojanischen Krieg.

ORCHESTERBESETZUNG
(ungefähr 110–120 Spieler):

4 Flöten, 3 Oboen, Heckelphon, Englischhorn, 5 Klarinetten,
2 Bassethörner, Baßklarinette, 3 Fagotte, Kontrafagott, 8 Hör-
ner, 6 Trompeten, Baßtrompete, 3 Posaunen, Baßposaune, Baß-
tuba, Kontrabaßtuba, Celesta, 2 Harfen, Pauken, Schlagzeug,
dreifach geteilte Violinen, dreifach geteilte Bratschen, geteilte
Celli, Kontrabässe.

Es gibt eine vom Komponisten reduzierte und autorisierte
Orchesterfassung für mittlere und kleinere Theater.

Textbuch
mit Erläuterungen zu
Musik und Handlung

In der nun folgenden dramatisch-musikalischen *Analyse* findet der Leser eine ungewöhnliche Ballung von sehr vielen überschwenglichen Begriffen wie z.B.: rasend – tobend – ekstatisch – gellend – dämonisch usw. Nur so ist es aber möglich, die große dramatische Spannung dieses Werkes, sowohl im Text wie in der Musik, dem Hörer verständlich zu machen. Vielleicht wird er sogar feststellen, daß diese Erläuterungen noch eher unter- als übertrieben sind …

Mit einem gellenden Fanfarenstoß beginnt die Oper –, wie ein greller Blitz, der erschreckend die Schwärze der Nacht durchzuckt. Und so wie eine lange dunkle Nacht wird auch diese Oper sein – immer wieder, fast betäubend, durch Blitze zerrissen. Es ist das Agamemnon-Thema, das mit großer Kraft ertönt:

(1)

Wie ein »Leitmotiv« durchzieht es die gesamte Oper: Die Erinnerung an den einst ermordeten König Agamemnon treibt die Handlung voran und bestimmt ihren blutigen Ausgang.

Nach dem kurzen Fortissimo-Schlag verharrt das Orchester auf einem düsteren Tremolo. In der Abenddämmerung kehren die Mägde des Palastes vom Brunnen heim und betrachten dabei scheu und zugleich gehässig die in einem Winkel kauernde

Der innere Hof, begrenzt von der Rückseite des Palastes und niedrigen Gebäuden, in denen die Diener wohnen. Dienerinnen am Ziehbrunnen, links vorne. Aufseherinnen unter ihnen.

Erste Magd (ihr Wassergefäß aufhebend):
Wo bleibt Elektra?

Gestalt Elektras. Wie fast alle Opern der Jahrhundertwende, des Naturalismus und der geballten Dramatik hat auch »Elektra« (wie vier Jahre zuvor »Salome«) keine Ouvertüre. Der Vorhang geht mit den ersten Akkorden auf.

Das Orchester begleitet und untermalt mit kurzen Phrasen und Floskeln das Quintett der Mägde, zu dem dann später noch die Stimme der Aufseherin tritt, um die fünfte Magd zum Schweigen zu bringen.

Zweite Magd:

Ist doch ihre Stunde, die Stunde, wo sie um den Vater heult, daß alle Wände schallen.

(Elektra kommt aus dem schon dunkelnden Hausflur gelaufen. Alle drehen sich nach ihr um. Elektra springt zurück wie ein Tier in seinen Schlupfwinkel, den einen Arm vor dem Gesicht.)

Erste Magd:

Habt ihr gesehn, wie sie uns ansah?

Zweite Magd:

Giftig, wie eine wilde Katze

Dritte Magd:

Neulich lag sie da und stöhnte …

Erste Magd:

Immer, wenn die Sonne tief steht, liegt sie und stöhnt.

Dritte Magd:

Da gingen wir zu zweit und kamen ihr zu nah –

Erste Magd:

Sie hält's nicht aus, wenn man sie ansieht.

Dritte Magd:

Ja, wir kamen ihr zu nah: da fauchte sie wie eine Katze uns an. »Fort, Fliegen,« schrie sie, »fort!«

Vierte Magd:

»Schmeißfliegen, fort!«

Dritte Magd:

»Sitzt nicht auf meinen Wunden!« und schlug nach uns mit einem Strohwisch.

Vierte Magd:

»Schmeißfliegen, fort!«

Dritte Magd:

»Ihr sollt das Süße nicht abweiden von der Qual. Ihr sollt nicht schmatzen nach meiner Krämpfe Schaum.«

Vierte Magd:

»Geht ab, verkriecht euch«, schrie sie uns nach. »Eßt Fettes, und eßt Süßes, und geht zu Bett mit euren Männern«, schrie sie, und die –

Dritte Magd:

Ich war nicht faul –

Vierte Magd:

die gab ihr Antwort!

Dritte Magd:

»Ja, wenn du hungrig bist«, gab ich zur Antwort, »so ißt du auch!« Da sprang sie auf und schoß gräßliche Blicke, reckte ihre Finger wie Krallen gegen uns und schrie: »Ich füttre mir einen Geier auf im Leib!«

Zweite Magd:

Und du?

Dritte Magd:

»Drum hockst du immerfort«, gab ich zurück, »wo Aasgeruch dich hält, und scharrst nach einer alten Leiche.«

Zweite Magd:

Und was sagte sie da?

Dritte Magd:

Sie heulte nur und warf sich in ihren Winkel.

Erste Magd:

Daß die Königin solch einen Dämon frei in Haus und Hof sein Wesen treiben läßt.

Zweite Magd:

Das eigne Kind!

15

Die fünfte Magd bäumt sich gegen ihre grausamen Gefährtinnen auf und bemitleidet Elektra in ihrem tiefen Unglück, dem Schmerz um den toten Vater:

Mit den ersten Worten dieser jüngsten aller Mägde gewinnt die Musik wärmeren, innigen Ausdruck.

Mit brutaler Gewalt will die Aufseherin das junge Mädchen zum Schweigen bringen. Es zeigt ein tiefes Mitgefühl mit Elektra und versteht deren abgrundtiefe Verzweiflung nur zu gut. Immer erregter wird die Szene: Die Mägde erinnern sich aller Flüche, die Elektra ihnen nachruft und für die sie sich, könnten sie es nur, am liebsten auf der Stelle rächten. Nur die jüngste, die fünfte Magd, fleht und bittet für Elektra.

16

Erste Magd:

Wär' sie mein Kind, ich hielte, ich – bei Gott! – sie unter Schloß und Riegel!

Vierte Magd:

Sind sie dir nicht hart genug mit ihr? Setzt man ihr nicht den Napf mit Essen zu den Hunden?

(seufzend)

Hast du den Herrn nie sie schlagen sehn?

Fünfte Magd (ganz jung, mit zitternder, erregter Stimme):

Ich will vor ihr mich niederwerfen und die Füße ihr küssen. Ist sie nicht ein Königskind und duldet solche Schmach? Ich will die Füße ihr salben und mit meinem Haar sie trocknen.

Die Aufseherin (stößt sie in die offene, niedere Türe links vorne):

Hinein!

Fünfte Magd (in die Tür geklemmt):

Ihr alle seid nicht wert, die Luft zu atmen, die sie atmet! O, könnt' ich euch alle, euch erhängt am Halse in einer Scheuer Dunkel hängen sehn um dessentwillen, was ihr an Elektra getan.

Die Aufseherin (schlägt die Türe zu):

Hört ihr das? wir, an Elektra, die ihren Napf von unserm Tische stieß, als man mit uns sie essen hieß, die ausspie vor uns und Hündinnen uns nannte.

Die Aufseherin (stößt sie):

Hinein mit dir!

Fünfte Magd:

Es gibt nichts auf der Welt, das königlicher ist als sie. Sie liegt in Lumpen auf der Schwelle, aber Niemand, Niemand ist hier im Haus, der ihren Blick aushält.

Das Orchester, äußerst unruhig, steigert sich unaufhörlich, bringt immer neue Phrasen, die vorübertoben und beruhigt sich noch lange nicht, als die Gruppe – von der Aufseherin getrieben – endlich durch das Hintertor in den Palast getreten ist. Die verhaßte junge Magd wurde mit Gewalt hineingestoßen und dann mißhandelt.

Erste Magd:

Was? Sie sagte: Keinen Hund kann man erniedern, wozu man
uns hat abgerichtet: daß wir mit Wasser und mit immer frischem
Wasser das ewige Blut des Mordes von der Diele abspülen.

Dritte Magd:

»Und die Schmach«, so sagte sie, »die Schmach, die sich bei Tag
und Nacht erneut, in Winkel fegen …«

Erste Magd:

»Unser Leib«, so schreit sie, »starrt von dem Unrat, dem wir
dienstbar sind!«

(Die Mägde tragen die Gefäße ins Haus links)

Die Aufseherin (die ihnen die Tür aufgemacht hat):

Und wenn sie uns mit unsern Kindern sieht, so schreit sie:
»Nichts kann so verflucht sein, nichts, als Kinder, die wir hündisch auf der Treppe im Blute glitschernd, hier in diesem Hause
empfangen und geboren haben.« Sagt sie das oder nicht?

Erste, zweite, dritte, vierte Magd:

Ja, ja.

Die Aufseherin:

Sagt sie das oder nicht?

(Die Aufseherin geht hinein, die Tür fällt zu)

Erste, zweite, dritte, vierte Magd (alle schon drinnen):

Ja, ja.

Fünfte Magd (innen):

Sie schlagen mich.

Der Tumult des Orchesters verebbt allmählich. Elektra ist nun allein im herannahenden Abend, der schon seine Schatten in den Hof wirft. Ein schmerzliches Orchestermotiv deutet Elektras Seelenzustand an. Es ist die Stunde, zu der sie alltäglich in diesem Winkel des Hofes Zuflucht findet. Er besitzt für sie – nur für sie – eine ganz besondere Bedeutung: Hier hat sie vor Jahren, bald nach dem Mord, das Beil vergraben, mit dem ihre Mutter und deren heutiger Gatte Aegisth den aus dem Krieg heimkehrenden Vater erschlugen. Hier bewahrt sie es auf, in dumpfen Vorahnungen und grauenhaften Phantasievorstellungen, wie die Rachetat zu geschehen habe. Ihre Gedanken gehen wohl auch zu ihrem jüngeren Bruder Orest –, ein Knabe damals, den die Mutter weit fort von der Heimat verbannt hatte. Sie hoffte wohl, daß er in der Fremde getötet werden oder aber als Bauer aufwachsen würde, ohne jemals zu erfahren, daß er ein Königskind ist.

Wie an jedem Abend kreisen ihre Gedanken nur um die Mordtat und deren Sühne, und wie immer beschwört sie den toten Vater herauf aus dem Schattenreich. Leise, aber doch voll hörbar, ertönt nun wieder in ihrer Stimme und im Orchester Agamemnons Motiv:

(Fortsetzung des Notenbeispiels S. 22)

(Elektra tritt aus dem Hause.)

Elektra:

Allein! Weh, ganz allein. Der Vater fort, hinabgescheucht in seine kalten Klüfte …

(gegen den Boden)

(3)

Immer tiefer irren ihre Gedanken in die ferne Mordszene ab. Sie erlebt diese in ihrer Phantasie immer wieder, obwohl es als fast sicher gelten muß, daß sie ihr nicht persönlich beigewohnt hat. Sie durchleidet sie, als würde sie ihr selbst angetan. Eine grandiose, wie aus mykenischen Quadersteinen majestätisch errichtete Vision ersteht vor ihr: Ein purpurfarbener königlicher Reif scheint aus des Vaters blutendem Schädel zu erwachsen.

Agamemnon! Agamemnon! Wo bist du, Vater?

Hast du nicht die Kraft, dein Angesicht herauf zu mir zu schleppen?

(leise)

Es ist die Stunde, unsre Stunde ist's, die Stunde, wo sie dich geschlachtet haben, dein Weib und der mit ihr in einem Bette, in deinem königlichen Bette schläft. Sie schlugen dich im Bade tot, dein Blut rann über deine Augen, und das Bad dampfte von deinem Blut. Da nahm er dich, der Feige, bei den Schultern, zerrte dich hinaus aus dem Gemach, den Kopf voraus, die Beine schleifend hinterher. Dein Auge, das starre, offne, sah herein ins Haus. So kommst du wieder, setzest Fuß vor Fuß und stehst auf einmal da, die beiden Augen weit offen, und ein königlicher Reif von Purpur ist um deine Stirn, der speist sich aus des Hauptes offner Wunde. Agamemnon! Vater!

23

Klanggewaltige Oktavschläge führen das Orchester auf einen Höhepunkt: Das mehrfach wiederholte Agamemnon-Motiv – hoheitsvoll und überirdisch – wandelt sich in einem nahtlosen, an lyrischem Ausdruck gewinnenden Übergang zu unendlicher Zärtlichkeit: Das zweite werkbeherrschende Motiv ersteht. Man könnte es als das Motiv des Orest bezeichnen oder vielleicht, allgemeiner, als das der innigsten Geschwisterliebe:

(Fortsetzung des Notenbeispiels S. 26)

Ich will dich sehn, laß mich heute nicht allein! Nur so wie gestern, wie ein Schatten dort im Mauerwinkel zeig dich deinem Kind! Vater! Agamemnon, dein Tag wird kommen. Von den Sternen stürzt alle Zeit herab, so wird das Blut aus hundert Kehlen stürzen auf dein Grab! So wie aus umgeworfnen Krügen wird's aus den gebundnen Mördern fließen, und in einem Schwall, in einem geschwollnen Bach wird ihres Lebens Leben aus ihnen stürzen

(Fortsetzung des Notenbeispiels S. 28)

(4)

Dann gehen Elektras Vorstellungen in die Rachegedanken über, die sie seit Jahr und Tag in jedem Augenblick hegt, denen sie nie entrinnen kann: Der Tag der Sühne ersteht vor ihrer gequälten Seele. Strauss ist ein Tonmaler, wie es in der Musikgeschichte wenige gegeben hat. Und so durchlebt der Hörer jedes der Bilder, die hier – blutrünstig und grausam – ausgebreitet werden. Ungeheure Kraft wird hier von Elektra verlangt. Kein Komponist seit Wagners Schlußgesang der Brünnhilde aus »Götterdämmerung« hat einen solchen Kolossalblock an stark strömender Musikdramatik verlangt. Doch Richard Strauss wagt es zum zweiten Mal: nach Salomes unendlich langem »Zwiegespräch« mit dem Schädel des toten Jochanaan nun abermals ein gewaltiger Monolog, und noch wesentlich dramatischer, anstrengender, ausdrucksstärker, – überragender Gipfel der Opernkunst aller Zeiten. Denn die Vision des Tages der Rache ruft in Elektra phantastische, ungeheuerliche Bilder hervor, Alpträume unvorstellbarer Intensität. Und auf dem Höhepunkt dann der Siegestanz, der Triumphreigen ... ganz so, wie er nur eine Stunde später zur überwältigenden Wirklichkeit wird:

(Notenbeispiel S. 30)

(mit feierlichem Pathos)
und wir schlachten dir die Rosse, die im Hause sind, wir treiben sie vor dem Grab zusammen, und sie ahnen den Tod und wiehern in die Todesluft und sterben. Und wir schlachten dir die Hunde, die dir die Füße leckten, die mit dir gejagt, denen du die Bissen hinwarfst, darum muß ihr Blut hinab, um dir zu Dienst zu sein, und wir, wir, dein Blut, dein Sohn Orest und deine Töchter, wir drei, wenn alles dies vollbracht und Purpurgezelte aufgerichtet sind vom Dunst des Blutes, den die Sonne nach sich zieht,

ziemlich bewegt, aber gewichtig

(Fortsetzung des Notenbeispiels S. 32)

dann tanzen wir, dein Blut, rings um dein Grab.

(5)

Mit zweimaligen »Agamemnon!«-Schreien endet Elektra, aber das Orchester rast weiter, tanzt weiter ...

(in begeistertem Pathos)
Und über Leichen hin werd' ich das Knie hochheben Schritt für
Schritt, und die mich werden so tanzen sehn, ja, die meinen
Schatten von weitem nur so werden tanzen sehn, die werden
sagen: einem großen König wird hier ein großes Prunkfest angestellt von seinem Fleisch und Blut, und glücklich ist, wer Kinder
hat, die um sein hohes Grab so königliche Siegestänze tanzen.

Agamemnon! Agamemnon!

Chrysothemis, die jüngere Schwester, ist zu der zusammengebro-
chenen Elektra getreten, die sofort eine schroffe Abwehrstellung
einnimmt. Sie mißtraut der »helleren«, schönen, lebenshungri-
gen Schwester: Diese hat eine Art stillschweigenden Ausgleich
mit der Mutter und Aegisth gefunden, hat es vielleicht unbewußt
verstanden, das Vergangene vergangen sein, Grauenhaftes ins
nicht mehr Virulente geraten zu lassen, um einen Rest von Hoff-
nung bewahren zu können –, im Gegensatz zu Elektra, deren ein-
ziges Sinnen, Denken, Hoffen auf die blutige Rache zielt, für die
sie alle ihre Lebensgeister einzusetzen bereit ist.

Doch Chrysothemis will sich nicht so leicht aus dem Leben der
Schwester entfernen lassen. Ein seltsames Grauen bindet sie an
Elektra. Sie fühlt deren Stärke, deren Willen, der ein schreck-
liches Ziel hat, aber doch ein Ziel, während sie selbst zu vertu-
schen bereit ist, zu verschweigen, zu übersehen, um doch noch
irgendwann ausbrechen zu können in irgendeine Freiheit. Sie
übermittelt Elektra eine gefährliche Beobachtung: die von fast
allen gehaßte, aber auch gefürchtete Schwester soll in einen

Chrysothemis (die jüngere Schwester, steht in der Haustüre.)
(leise):
Elektra!

(Elektra fährt zusammen und starrt zuerst wie aus einem Traum
erwachend auf Chrysothemis.)

Elektra:
Ah, das Gesicht!

Chrysothemis (steht an die Tür gedrückt.)
(ruhig):
Ist mein Gesicht dir so verhaßt?

Elektra (heftig):
Was willst du? Rede, sprich, ergieße dich, dann geh und laß
mich!

(Chrysothemis hebt wie abwehrend die Hände.)
Was hebst du die Hände? So hob der Vater seine beiden Hände,
da fuhr das Beil hinab und spaltete sein Fleisch. Was willst du?
Tochter meiner Mutter, Tochter Klytämnestras?

Chrysothemis (leise):
Sie haben etwas Fürchterliches vor.

Elektra:
Die beiden Weiber?

Chrysothemis:
Wer?

Elektra:
Nun, meine Mutter und jenes andre Weib, die Memme, ei,
Aegisth, der tapfre Meuchelmörder, er, der Heldentaten nur im
Bett vollführt. Was haben sie denn vor?

Turm geworfen werden ... Doch Elektra erschrickt nicht: Was kann ihr, der Ausgestoßenen, der Verachteten noch geschehen? Am Leben, wie jede noch so arme Kreatur es lebt, hat sie längst keinen Anteil mehr.

Wieder, wie sicher schon oftmals, stehen sie einander verständnislos gegenüber. Doch Chrysothemis, die weichere, sehnsüchtige hält es dieses Mal nicht aus. In gewaltiger Erregung bricht es aus ihr hervor:

(6)

Chrysothemis:

Sie werfen dich in einen Turm, wo du von Sonn' und Mond das Licht nicht sehen wirst.

(Elektra lacht.)

Sie tun's, ich weiß es, ich hab's gehört.

Elektra:

Wie hast denn du es hören können?

Chrysothemis (leise):

An der Tür, Elektra.

Elektra (ausbrechend):

Mach keine Türen auf in diesem Haus! Gepreßter Atem, pfui! und Röcheln von Erwürgten, nichts andres gibt's in diesen Mauern, mach keine Türen auf! Schleich nicht herum, sitz an der Tür wie ich und wünsch den Tod und das Gericht herbei auf sie und ihn.

Chrysothemis:

Ich kann nicht sitzen und ins Dunkel starren wie du. Ich hab's wie Feuer in der Brust, es treibt mich immerfort herum im Haus; in keiner Kammer leidet's mich, ich muß von einer Schwelle auf die andre, ach! treppauf, treppab, mir ist, als rief es mich, und komm ich hin, so stiert ein leeres Zimmer mich an. Ich habe solche Angst, mir zittern die Knie bei Tag und Nacht, mir ist die Kehle wie zugeschnürt, ich kann nicht einmal weinen, wie Stein ist Alles! Schwester, hab Erbarmen!

Es ist ja niemand, niemand im Palast, dem sie sich anvertrauen könnte. Dämonisch, furchterregend, gefährlich, mag Elektra dies alles sein für die anderen –, aber sie ist doch ihre Schwester, Tochter Agamemnons wie sie selbst.

Es ist ein ergreifender Liebeshymnus, der da aus dem sonst gewaltsam versiegelten Mund, aus der tiefsten Seele dieser jungen Frau strömt, eine Melodie von Hoffnung auf alles, was ihre verzweifelten Träume ihr wohl oft vorgaukeln: auf ein wenig Zärtlichkeit, auf ein Kind, auf Kinder als Erfüllung ihres angeborenen Frauenschicksals. Eisig hört Elektra diesen Erguß eines zwanghaft unterdrückten Frauenherzens an, kein verwandtes Gefühl regt sich in ihr. Immer verzweifelter wird Chrysothemis' Klage, zur Anklage gegen Elektra, zum Flehen um deren Wandlung. Zu mitleidheischender Größe hebt sich der Jammer, der nie versiegende Schmerz der Jungen, Schönen, die nun nichts anderes mehr ist als eine hoffnungslos Verzweifelte, die aber doch ihr Elend, ihre Sehnsucht, hinausschreit:

(Fortsetzung des Notenbeispiels S. 40)

Elektra:

Mit wem?

Chrysothemis:

Du bist es, die mit Eisenklammern mich an den Boden schmiedet. Wärst nicht du, sie ließen uns hinaus. Wär nicht dein Haß, dein schlafloses, unbändiges Gemüt, vor dem sie zittern, ah so ließen sie uns ja heraus aus diesem Kerker, Schwester!

(leidenschaftlich)

Ich will heraus! Ich will nicht jede Nacht bis an den Tod hier schlafen! Eh ich sterbe, will ich auch leben!

(äußerst lebhaft und feurig)

Kinder will ich haben, bevor mein Leib verwelkt, und wär's ein Bauer, dem sie mich geben, Kinder will ich ihm gebären und mit meinem Leib sie wärmen in kalten Nächten, wenn der Sturm die Hütte zusammenschüttelt! Hörst du mich an? Sprich zu mir, Schwester!

be - - vor mein Leib ver - welkt,

(7)

*Doch sie spricht wie gegen eine leblose Wand. Elektras Worte
»Armes Geschöpf!« drücken kaum Mitleid oder auch nur Mitgefühl aus. Kalte Verachtung spricht aus diesem Einwurf. Sie können einander nicht verstehen, niemals. Die von einer besessenen
Aufgabe, einem zwanghaft gegebenen Ziel restlos ausgefüllte
und die von quälenden Sehnsüchten nicht ausgelebter Gefühle
geschüttelte Frau: Unvorstellbar fern sind sie einander.*

*Welche Wärme strömt aus Chrysothemis' Gesang, aus dem riesi-
gen Orchester, das kaum jemals ein Meister glänzender geführt
hat als Richard Strauss. Alle Schattierungen menschlicher – und
unmenschlicher – Gefühle finden ihren Ausdruck, wie er klarer,
mitteilsamer, mitreißender nicht gedacht werden kann. Und
doch ist diese Art der Tonmalerei nicht plump oder aufdringlich,
Strauss arbeitet (zumeist) mit subtilsten Mitteln, die nur schwer
zu analysieren sind. Es ist, als gäbe er jedem der unzähligen
»Bilder« in den Seelen der handelnden Personen einen eigenen
Untergrund, nicht nur einen eigenen Rahmen. Es ist eine sehr
besondere Form der Psychologie, ja manchmal fast der Psycho-
analyse, die der Komponist hier in Töne umzusetzen versteht.*

Elektra:

Armes Geschöpf!

Chrysothemis (stets äußerst erregt):
Hab Mitleid mit dir selber und mit mir! Wem frommt denn solche Qual? Der Vater, der ist tot. Der Bruder kommt nicht heim.
Immer sitzen wir auf der Stange wie angehängte Vögel, wenden
links und rechts den Kopf und niemand kommt, kein Bruder,
kein Bote von dem Bruder, nicht der Bote von einem Boten,
nichts! Mit Messern gräbt Tag um Tag in dein und mein Gesicht
sein Mal, und draußen geht die Sonne auf und ab, und Frauen,
die ich schlank gekannt hab', sind schwer von Segen, mühn sich
zum Brunnen, heben kaum die Eimer, und auf einmal sind sie
entbunden ihrer Last, kommen zum Brunnen wieder, und aus
ihnen selber quillt süßer Trank, und säugend hängt ein Leben an
ihnen, und die Kinder werden groß. Nein, ich bin ein Weib und
will ein Weiberschicksal! Viel lieber tot, als leben und nicht
leben.

(Sie bricht in heftiges Weinen aus.)

41

Verständnislos hat Elektra dem tiefgehenden Gefühlsausbruch ihrer Schwester gelauscht, so als läge deren Innenleben auf einem anderen Planeten. Schließlich weist sie die völlig Verzweifelte mit harten Worten (und harten, äußerst dissonanten) Akkordschlägen von sich. Doch in diesem Augenblick schlägt das Orchester, zuerst ganz leise, neue Töne an: ein Raunen, Flüstern, Scharren von zahlreichen Füßen, unterdrückten Schreien, die aus dem Palast zu dringen und langsam näherzukommen scheinen. Gespannt horcht nun Elektra auf: Das geht sie an, denn es betrifft »die da drinnen«, die Verhaßten, die zu belauern ihre einzige Aufgabe ist, um zur Stelle zu sein, wenn die große Stunde der Rache schlagen wird. Chrysothemis aber stirbt fast vor Angst, sie fleht die Schwester an, sich zu verstecken; denn die Mutter schieße Todesblitze aus den Augen, wie oft in letzter Zeit, in der ihre Träume immer quälender zu werden scheinen.

Fliehen? Höhnisch lacht Elektra: fliehen? Das sei das Letzte, was ihr einfiele! Im Gegenteil: wild entschlossen will sie ihrer Mutter entgegentreten, wenn die es wirklich einmal wagen sollte, ihr gegenüberzustehen.

Elektra:

Was heulst du? Fort, hinein! Dort ist dein Platz! Es geht ein
Lärm los.

(höhnisch)

Stellen sie vielleicht für dich die Hochzeit an? Ich hör sie laufen.
Das ganze Haus ist auf. Sie kreißen oder sie morden! Wenn es an
Leichen mangelt, drauf zu schlafen, müssen sie doch morden!

Chrysothemis:

Geh fort, verkriech dich! Daß sie dich nicht sieht. Stell dich ihr
heut nicht in den Weg: sie schickt Tod aus jedem Blick. Sie hat
geträumt.

(der Lärm von vielen Kommenden drinnen, allmählich näher)

Geh fort von hier. Sie kommen durch die Gänge. Sie kommen
hier vorbei. Sie hat geträumt. Sie hat geträumt, ich weiß nicht
was, ich hab es von den Mägden gehört: Sie sagen, daß sie von
Orest, von Orest geträumt hat, daß sie geschrien hat aus ihrem
Schlaf, wie einer schreit, den man erwürgt.

(Fackeln und Gestalten erfüllen den Gang links von der Tür.)

Sie kommen schon. Sie treibt die Mägde alle mit Fackeln vor
sich her. Sie schleppen Tiere und Opfermesser. Schwester, wenn
sie zittert, ist sie am schrecklichsten.

(dringend)

Geh ihr nur heut, nur diese Stunde geh aus ihrem Weg!

Elektra:

Ich habe eine Lust, mit meiner Mutter zu reden wie noch nie.

Chrysothemis:

Ich will's nicht hören!

(stürzt ab durch die Hoftür.)

Lärm und Getöse werden mit jedem Augenblick stärker und furchterregender, so als würden gefesselte Menschen durch dunkle Gänge geschleift, als höre man das Röcheln Erwürgter, von Blut erstickte Schreie Sterbender. Und dann steht die Königin Klytämnestra plötzlich da, demutsvoll umgeben von ihren engsten Vertrauten, die vor den Schlägen ihres Stockes beben und stets in angestrengtester Spannung darauf bedacht sind, ihr nach dem Munde zu reden. Der Auftritt Klytämnestras ist in das Toben der Instrumente eingebettet, bildet einen orchestralen Höhepunkt von schauerlicher Größe. Elektra hat diesem Augenblick entgegengefiebert. Die Schwester ist geflohen, aber Elektra hat sich beim Anwachsen des Tumults langsam aufgerichtet und blickt der Mutter entgegen, furchtlos, äußerlich ruhig, aber in gespanntester Erwartung, wie vielleicht ein Dompteur zum ersten Mal den Käfig eines soeben eingelieferten, noch nicht gebändigten Raubtiers betritt, dessen Regungen man nicht voraussehen kann.

Sie stehen einander gegenüber auf ein paar Schritte Distanz. Von den in sich abgeschlossenen Einzelszenen dieser Oper – dem Monolog der Elektra, dem ersten Duett Elektras mit der Schwester, später der Wiedersehensszene mit Orest nach dem zweiten, noch dramatischeren Duett mit Chrysothemis – beginnt nun die wohl großartigste Szene, der sehr wenig in der Weltliteratur des Musiktheaters an die Seite gestellt werden kann. In diesem (einzigen, jedoch langen) Auftritt wird Klytämnestra zu einer der schwierigsten, der anspruchsvollsten, allerdings auch der begehrtesten Rollen ihres »Fachs«. Welchem »Fach« ist Klytämnestra zuzuordnen? Sie steht als völlig zerstörte Gestalt vor uns und doch noch mit einem Schimmer einstiger Größe; Herrin über viele Geschöpfe, die vor ihr kriechen und doch in dauernder Angst, der rächende Sohn Orest könne heimkehren.

(An den grell erleuchteten Fenstern klirrt und schlürft ein hasti-
ger Zug vorüber: es ist ein Zerren, ein Schleppen von Tieren, ein
gedämpftes Keifen, ein schnell ersticktes Aufschrein, das Nie-
dersausen einer Peitsche, ein Aufraffen, ein Weitertaumeln.)

(In dem breiten Fenster erscheint Klytämnestra. Ihr fahles,
gedunsenes Gesicht, in dem grellen Licht der Fackeln, erscheint
noch bleicher über dem scharlachroten Gewand. Sie stützt sich
auf eine Vertraute, die dunkelviolett gekleidet ist, und auf einen
elfenbeinernen, mit Edelsteinen geschmückten Stab. Eine gelbe
Gestalt mit zurückgekämmtem, schwarzem Haar, einer Ägypte-
rin ähnlich, mit glattem Gesicht einer aufgerichteten Schlange
gleichend, trägt ihr die Schleppe. Die Königin ist über und über
bedeckt mit Edelsteinen und Talismanen, die Arme sind voll von
Reifen, ihre Finger starren von Ringen. Die Lider ihrer Augen
scheinen übermäßig groß, und es scheint sie eine furchtbare
Anstrengung zu kosten, sie offen zu halten.)

(Elektra richtet sich hoch auf)

(Klytämnestra öffnet jäh die Augen, zitternd vor Zorn tritt sie
ans Fenster und zeigt mit dem Stock auf Elektra.)

Klytämnestra:
Was willst du? Seht doch, dort! So seht doch das! Wie es sich
aufbäumt mit geblähtem Hals und nach mir züngelt! und das laß
ich frei in meinem Hause laufen!

(schwer atmend)
Wenn sie mich mit ihren Blicken töten könnte! O Götter, warum
liegt ihr so auf mir? Warum verwüstet ihr mich so? Warum muß
meine Kraft in mir gelähmt sein? Warum bin ich lebendigen Lei-
bes wie ein wüstes Gefild, und diese Nessel wächst aus mir heraus, und ich hab nicht die Kraft zu jäten? Warum geschieht mir
das, ihr ew'gen Götter?

Elektra *(ruhig)*:
Die Götter! bist doch selber eine Göttin, bist, was sie sind!

Mit erhobenem Stock ist die Königin in den Hof getreten, vielleicht hat sie eben noch auf ihre Begleiter losgeschlagen. Nun, vor dem gelassenen Blick Elektras senkt sie den Stock langsam. Aus ihrem ersten Impuls einer ängstlichen Abwehr wird steigendes Zutrauen. Die Tochter scheint heute ganz ruhig zu sein. Vorsichtig richtet Klytämnestra ihre ersten Worte an Elektra: Hier singt sie noch, während im späteren Verlauf dieser unheimlichen Zwiesprache der Ausdruck vorherrschen wird und nicht der Gesang, der übrigens die ganze Skala vom Alt bis hinauf fast in dramatische Sopranhöhen erfordert. Doch diese Gestalt steht »Schönsängerinnen« kaum offen. Die Rolle bietet großen dramatischen Künstlerinnen am Ende ihrer Laufbahn eine wundervolle Chance der höchsten Bewährung. Mag die Stimme auch hie und da schon brüchig werden, Belcanto-Versuchen nicht mehr gehorchen: Das nackte Grauen muß aus ihr klingen, die verwüstete Seele, die panische Angst des ständig zerbröckelnden Lebens.

Klytämnestra (zu ihren Begleiterinnen):
Habt ihr gehört? habt ihr verstanden, was sie redet?

Die Vertraute:
Daß auch du vom Stamm der Götter bist.

Die Schleppträgerin:
Sie meint es tückisch.

(Klytämnestras schwere Augenlider fallen zu)

Klytämnestra:
Das klingt mir so bekannt. Und nur als hätt ich's vergessen, lang und lang. Sie kennt mich gut. Doch weiß man nie, was sie im Schilde führt.

(Die Vertraute und die Schleppträgerin flüstern miteinander.)

Klytämnestra:
Ich will hinunter. Laßt, laßt, ich will mit ihr reden.

Sie geht vom Fenster weg und erscheint mit ihren Begleiterinnen in der Türe.
(von der Türschwelle aus):
Sie ist heute nicht widerlich. Sie redet wie ein Arzt.

Vom ersten Augenblick an reißt Elektra die Führung an sich. So kann sie ironisch sein, die Mutter eine »Göttin« nennen und auf diese Weise vertrauensbereit machen. So tun, als wolle sie der Mutter raten, helfen:

(8)

Die große Aussprache – sicher die erste seit langer, langer Zeit, seit Jahren, ja die erste überhaupt im Leben – durchläuft eine Fülle von Gedanken und Stimmungen. Sie nähert die beiden Todfeindinnen einander an –, vielleicht auch räumlich: denn die anfängliche Distanz zwischen ihnen schwindet allmählich immer mehr, sie nähern sich, erblicken einander, als sei es zum ersten Mal. Elektra spielt hier wohl ein gefährliches Spiel, das nicht leicht durchschaubar ist. Befriedigt es sie nur, die gefürchtete Königin so sanft, so zutraulich gemacht zu haben? Ist es das Spiel der Katze mit der Maus, die zuletzt doch untergehen muß? Denn es ist kaum anzunehmen, daß ein menschliches Gefühl von Mitleid mit der völlig zerstörten Mutter Elektra auch nur für einen einzigen Augenblick von ihrem Lebensziel, ihrem Lebenszweck abbringen könnte

Elektra (nähert sich langsam Klytämnestra):
Du bist nicht mehr du selber. Das Gewürm hängt immerfort um
dich! Was sie ins Ohr dir zischen, trennt dein Denken fort und
fort entzwei, so gehst du hin im Taumel, immer bist du, als wie
im Traum.

Die Vertraute (flüsternd):
Sie redet nicht, wie sie's meint.

Die Schleppträgerin:
Ein jedes Wort ist Falschheit.

Klytämnestra (auffahrend):
Ich will nichts hören! Was aus euch herauskommt, ist nur der
Atem des Aegisth. Und wenn ich nachts euch wecke, redet ihr
nicht jede etwas andres? Schreist nicht du, daß meine Augenlider angeschwollen und meine Leber krank ist? Und winselst
nicht du ins andre Ohr, daß du Dämonen gesehen hast mit langen, spitzen Schnäbeln, die mir das Blut aussaugen? Zeigst du
nicht die Spuren mir an meinem Fleisch, und folg' ich dir nicht
und schlachte, schlachte, schlachte Opfer um Opfer? Zerrt ihr
mich mit euren Reden und Gegenreden nicht zu Tod? Ich will
nicht mehr hören: das ist wahr und das ist Lüge.

Elektra erreicht es, daß die Königin ihre eigenen Begleiterinnen abschüttelt, die »Vertraute«, die »Schleppträgerin«, die sie unaufhörlich davor warnen, Elektra zu trauen –, und dieses Mal in ihrem Sumpf von Lüge, Verleumdung, Falschheit sogar recht haben.

Und dann ist es so weit, daß Klytämnestra ihrer Tochter einen Blick in ihren wahren Zustand erlaubt, als wüßte diese nicht längst, wie es um die Königin bestellt ist, die vergeblich versucht, die Verwüstung ihres Gesichts mit allen Mitteln zu übertünchen, mit immer blutigeren Menschen- und Tieropfern das Gewissen zu betäuben:

(Fortsetzung des Notenbeispiels S. 52)

(dumpf)

Was die Wahrheit ist, das bringt kein Mensch heraus. Wenn sie zu mir redet,

(immer schwer atmend)

was mich zu hören freut, so will ich horchen, auf was sie redet. Wenn einer etwas Angenehmes sagt,

(heftig)

und wär es meine Tochter, wär es die da, will ich von meiner Seele alle Hüllen abstreifen und das Fächeln sanfter Luft, von wo es kommen mag, einlassen, wie die Kranken tun, wenn sie der kühlen Luft, am Teiche sitzend, abends ihre Beulen und all ihr Eiterndes der kühlen Luft preisgeben abends ... und nichts andres denken, als Lindrung zu schaffen. Laßt mich allein mit ihr!

Ungeduldig weist sie mit dem Stock die Vertraute und die Schleppträgerin ins Haus. Diese verschwinden zögernd in der Tür. Auch die Fackeln verschwinden, und nur aus dem Innern des Hauses fällt ein schwacher Schein durch den Flur auf den Hof und streift hie und da die Gestalten der beiden Frauen.

(Klytämnestra kommt herab, leise)

Ich habe keine guten Nächte. Weißt du kein Mittel gegen Träume?

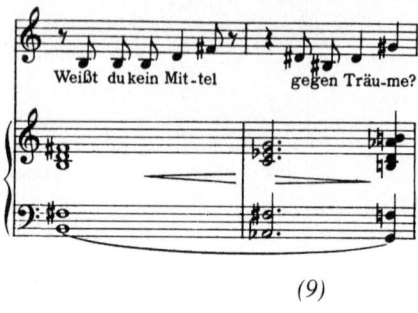

(9)

Klytämnestra wird dringlicher, fleht ihre Tochter nahezu an: sie, die Kluge, müsse doch die rechten Bräuche wissen, die Träume vertreiben könnten ... Sie schlägt Opfer vor, forscht in Elektras Worten nach einer Antwort. Blut müsse fließen, denn jeder Brauch habe seine Opfer, um wirksam zu werden ...

Es ist ein langer Kampf, und es gehört zum Schwierigsten, die notwendige Spannung in jedem Augenblick durchzuhalten. Nur zwei große Darstellerinnen können dazu imstande sein.

Elektra (näher rückend):

Träumst du, Mutter?

Klytämnestra:

Wer älter wird, der träumt. Allein, es läßt sich vertreiben. Es gibt
Bräuche. Es muß für alles richt'ge Bräuche geben. Darum bin
ich so behängt mit Steinen, denn es wohnt in jedem ganz sicher
eine Kraft. Man muß nur wissen, wie man sie nützen kann.
Wenn du nur wolltest, du könntest etwas sagen, was mir nützt.

Elektra:

Ich, Mutter, ich?

Klytämnestra (ausbrechend):

Ja, du! Denn du bist klug. In deinem Kopf ist alles stark. Du
könntest vieles sagen, was mir nützt. Wenn auch ein Wort nichts
weiter ist! Was ist denn ein Hauch? Und doch kriecht zwischen
Tag und Nacht, wenn ich mit offnen Augen lieg, ein Etwas hin
über mich. Es ist kein Wort, es ist kein Schmerz, es drückt mich
nicht, es würgt mich nicht. Nichts ist es, nicht einmal ein Alp,
und dennoch, es ist so fürchterlich, daß meine Seele sich
wünscht, erhängt zu sein, und jedes Glied in mir schreit nach
dem Tod, und dabei leb ich und bin nicht einmal krank: du siehst
mich doch: seh ich wie eine Kranke? Kann man denn vergehn,
lebend, wie ein faules Aas? Kann man zerfallen, wenn man gar
nicht krank ist? Zerfallen wachen Sinnes, wie ein Kleid, zerfres-
sen von den Motten? Und dann schlaf ich und träume, träume,
daß sich mir das Mark in den Knochen löst, und taumle wieder
auf, und nicht der zehnte Teil der Wasseruhr ist abgelaufen, und
was unterm Vorhang hereingrinst, ist noch nicht der fahle Mor-

Immer wilder ergeht sich die Königin in erregten Gedanken über ihren Zustand, ihre Ruhelosigkeit, ihre Träume, die sie Stück um Stück zu vernichten, zu verzehren, bis ins Unsagbare zu quälen scheinen. Es müsse doch gegen jeden Dämon ein Mittel geben? Opfer? Blutopfer? Und Elektra kenne diese Bräuche doch gewiß! Sie stehe ja mit den anderen, den geheimen Welten zweifellos in Verbindung.

Elektras Überlegenheit steigt von Wort zu Wort; so niedrig, so armselig, so zerstört hat sie ihre Mutter nie gesehen. Eine Woge des Triumphes brandet an ihren Felsen. Und so antwortet sie zynisch, berechnend, spricht die Wahrheit, und doch so, daß Klytämnestra sie nicht erkennt:

(10)

gen, nein, immer noch die Fackel vor der Tür, die gräßlich zuckt wie ein Lebendiges und meinen Schlaf belauert. Diese Träume müssen ein Ende haben. Wer sie immer schickt, ein jeder Dämon läßt von uns, sobald das rechte Blut geflossen ist.

Elektra:

Ein jeder!

Klytämnestra (wild):

Und müßt ich jedes Tier, das kriecht und fliegt, zur Ader lassen und im Dampf des Blutes aufstehn und schlafen gehn wie die Völker des letzten Thule im blutroten Nebel: ich will nicht länger träumen.

Elektra:

Wenn das rechte Blutopfer unterm Beile fällt, dann träumst du nicht länger!

Immer hastiger sucht die Königin, Elektras Worte aufzufangen, zu deuten, und immer bösartiger verwirrt Elektra sie mit rätselhaften Auskünften. Eine psychologisch großartige Szene, in der Hofmannsthal (auf der Grundlage Sophokles') tief in kranken Seelen wühlt –, die Musik allerdings, bei aller Meisterschaft, an die äußerste Grenze ihrer Möglichkeiten gerät. Ein Dialog, der unbedingt vorherige Lektüre braucht, um dem Hörer jenen Eindruck zu machen, dessen dieses Meisterwerk fähig ist. Wie Elektra mit ihrer Mutter hier spielt, wie sie deren Verzweiflung ausnützt, um ihr mit jedem Satz neue Rätsel aufzugeben, sie zum Zusammenbruch zu treiben –, es ist unheimlich und bewundernswert zugleich.

Klytämnestra (sehr hastig):
Also wüßtest du mit welchem geweihten Tier?

Elektra (geheimnisvoll lächelnd):
Mit einem ungeweihten.

Klytämnestra:
Das drin gebunden liegt?

Elektra:
Nein, es läuft frei.

Klytämnestra.
Und was für Bräuche?

Elektra:
Wunderbare Bräuche, und sehr genau zu üben.

Klytämnestra (heftig):
Rede doch!

Elektra:
Kannst du mich nicht erraten?

Klytämnestra:
Nein, darum frag ich.

(Elektra gleichsam feierlich beschwörend)
Den Namen sag des Opfertiers!

Elektra:
Ein Weib!

Klytämnestra (hastig):
Von meinen Dienerinnen eine, sag, ein Kind, ein jungfräuliches
Weib? Ein Weib, das schon erkannt vom Manne?

Das unaufhörlich wild erregte Orchester tritt ein wenig zurück, wirft nur Blitze in den Dialog, hält die beiden miteinander ringenden Frauen in Weißglut, läßt hier und da motivartige Bildungen aufblitzen, die im Nu verklingen, um in veränderter Gestalt anderswo wieder aufzutauchen.

Elektra (ruhig):
Ja, erkannt, das ist's!

Klytämnestra (dringend):
Und wie das Opfer? Und welche Stunde? Und wo?

Elektra (ruhig):
An jedem Ort, zu jeder Stunde des Tags und der Nacht.

Klytämnestra:

Die Bräuche sag! Wie brächt ich's dar? Ich selber muß –

Elektra:
Nein, diesmal gehst du nicht auf die Jagd mit Netz und mit Beil.

Klytämnestra:
Wer denn? Wer brächt es dar?

Elektra:

Ein Mann.

Klytämnestra:

Aegisth?

Elektra (lacht):
Ich sagte doch, ein Mann!

Klytämnestra:
Wer? gib mir Antwort. Vom Hause jemand? Oder muß ein Fremder herbei?

Elektra (zu Boden stierend, wie abwesend):
Ja, ja, ein Fremder, aber freilich ist er vom Haus.

Klytämnestra:
Gib mir nicht Rätsel auf. Elektra, hör mich an. Ich freue mich, daß ich dich heut' einmal nicht störrisch finde …

*Schon hat Klytämnestras unablässiges Fragen sie nahe an die
Enthüllung gebracht, an die furchtbare Gewißheit, daß sie selbst
es würde sein müssen, die zum »Opfer« ausersehen ist. Ob Elektra es ihr sagen würde? Nun legt die Königin eine Atempause
ein, tief erschöpft. Jetzt ist es an Elektra zu fragen, und sie stellt
der Mutter die gefürchtetste aller Fragen:*

(11)

*An dieser Frage nach Orest entzündet sich der neuerliche Aus-
bruch der beiden Frauen. Wieder ist Elektra die Überlegene,
wieder treibt sie ihre Mutter in die Enge mit der blutigen Vision
des Tags der Rache. Nun jagt das Orchester, als sänge es eine
Sinfonie des Grauens, Stimmen und Gegenstimmen wogen in
gewaltigen Wirbeln wie Wassermassen, die der Sturm überein-
ander, gegeneinander wälzt.*

Elektra (leise):
Läßt du den Bruder nicht nach Hause, Mutter?

Klytämnestra:
Von ihm zu reden hab ich dir verboten.

Elektra:
So hast du Furcht vor ihm?

Klytämnestra:
Wer sagt das?

Elektra:
Mutter, du zitterst ja!

Klytämnestra:

Wer fürchtet sich vor einem Schwachsinnigen.

Elektra:

Wie?

Klytämnestra:

Es heißt, er stammelt, liegt im Hofe bei den Hunden und weiß nicht Mensch und Tier zu unterscheiden.

Elektra:

Das Kind war ganz gesund.

Klytämnestra:

Es heißt, sie gaben ihm schlechte Wohnung und Tiere des Hofes zur Gesellschaft.

Elektra:

Ah!

Klytämnestra (mit gesenkten Augenlidern):

Ich schickte viel Gold und wieder Gold, sie sollten ihn gut halten wie ein Königskind.

Elektra:

Du lügst! Du schicktest Gold, damit sie ihn erwürgen.

Klytämnestra:

Wer sagt dir das?

Elektra:

Ich seh's an deinen Augen. Allein an deinem Zittern seh ich auch, daß er noch lebt. Daß du bei Tag und Nacht an nichts denkst als an ihn. Daß dir das Herz verdorrt vor Grauen, weil du weißt: er kommt.

Klytämnestra:

Was kümmert mich, wer außer Haus ist. Ich lebe hier und bin die Herrin. Diener hab ich genug, die Tore zu bewachen, und wenn

Literaturkritiker mögen diese abermaligen Zukunftsphantasien Elektras, der nun übermenschlich rasenden Elektra, für bereits zu oft wiederholt halten –, denn immer sieht die unselige Atridentochter nur das Eine: die Stunde der Rache, die Todesstunde der Mutter und ihres verachtenswerten Gatten, die Ströme von Blut, die im Palast vergossen werden müssen, um zu sühnen, um zu reinigen … Aber Hofmannsthal wußte sehr gut, was er tat, und jedes Mal, wenn Elektra in ihre wahnwitzigen Rachevisionen verfällt, steigert er die Bilder noch ein wenig mehr, zur grausigen Schilderung der Morde, denen sie entgegenzittert, seit sie erwachsen wurde …

ich will, laß ich bei Tag und Nacht vor meiner Kammer drei
Bewaffnete mit offenen Augen sitzen. Und aus dir bring ich so
oder so das rechte Wort schon an den Tag. Du hast dich schon
verraten, daß du das rechte Opfer weißt und auch die Bräuche,
die mir nützen. Sagst du's nicht im Freien, wirst du's an der
Kette sagen. Sagst du's nicht satt, so sagst du's hungernd.
Träume sind etwas, das man los wird. Wer dran leidet und nicht
das Mittel findet, sich zu heilen, ist nur ein Narr. Ich finde mir
heraus, wer bluten muß, damit ich wieder schlafe.

Elektra (mit einem Sprung aus dem Dunkel auf Klytämnestra
    zu, immer näher an ihr, immer furchtbarer anwachsend):
Was bluten muß? Dein eigenes Genick, wenn dich der Jäger
abgefangen hat! Ich hör' ihn durch die Zimmer gehn, ich hör'
ihn den Vorhang von dem Bette heben: wer schlachtet ein Opfer-
tier im Schlaf? Er jagt dich auf, schreiend entfliehst du. Aber er,
er ist hinterdrein, er treibt dich durch das Haus! Willst du nach
rechts, da steht das Bett! Nach links, da schäumt das Bad wie
Blut! Das Dunkel und die Fackeln werfen schwarzrote Todes-
netze über dich –
    (Klytämnestra von sprachlosem Grauen geschüttelt.)

Hinab die Treppen durch Gewölbe hin, Gewölbe und Gewölbe
geht die Jagd – Und ich, ich, ich, ich, ich, die ihn dir geschickt,
ich bin wie ein Hund an deiner Ferse, willst du in eine Höhle,
spring' ich dich von seitwärts an, so treiben wir dich fort, bis
eine Mauer alles sperrt und dort im tiefsten Dunkel, doch ich seh
ihn wohl, ein Schatten, und doch Glieder und das Weiße von
einem Auge doch, da sitzt der Vater, er achtet's nicht und doch
muß es geschehn, zu seinen Füßen drücken wir dich hin. Du
möchtest schreien, doch die Luft erwürgt den ungebornen Schrei
und läßt ihn lautlos zu Boden fallen. Wie von Sinnen hältst du
den Nacken hin, fühlst schon die Schärfe zucken bis an den Sitz
des Lebens. Doch er hält den Schlag zurück, die Bräuche sind
noch nicht erfüllt. Alles schweigt, du hörst dein eignes Herz an
deinen Rippen schlagen: Diese Zeit – sie dehnt sich vor dir wie
ein finstrer Schlund von Jahren. – Diese Zeit ist dir gegeben, zu
ahnen, wie es Scheiternden zumute ist, wenn ihr vergebliches
Geschrei die Schwärze der Wolken und des Todes zerfrißt, diese

So wird der Höhepunkt erklommen, für den es in der Opernlite-
ratur kaum ein Gegenstück gibt. Elektra in Ekstase, mit kaum
noch menschlichen Zügen, Klytämnestra gebückt, in sich ver-
krümmt in rasender Angst, das Orchester von tobenden Kräften
gejagt bis zu seinem plötzlichen Verstummen, das Elektras
Triumph hinausgellen läßt über Hof und Palast:

(12)

Aber noch ist die Stunde nicht gekommen, noch ist es nur
Ahnung, Traum, Bild, Vision. Und in diesem nicht mehr steige-
rungsfähigen Augenblick erhält die völlig vernichtete, in Angst-
schweiß gebadete, sich nicht mehr aufrecht haltende Königin
eine entscheidende Nachricht. Was für ein ungeheures Drama,

Zeit ist dir gegeben, alle zu beneiden, die angeschmiedet sind an Kerkermauern, die auf dem Grund von Brunnen nach dem Tod als wie nach Erlösung schrein – denn du, du liegst in deinem Selbst so eingekerkert, als wär's der glüh'nde Bauch von einem Tier von Erz – und so wie jetzt kannst du nicht schrein! Da steh ich vor dir, und nun liest du mit starrem Aug' das ungeheure Wort, das mir in mein Gesicht geschrieben ist: Erhängt ist dir die Seele in der selbstgedrehten Schlinge, sausend fällt das Beil, und ich steh da und seh dich endlich sterben! Dann träumst du nicht mehr, dann brauche ich nicht mehr zu träumen, und wer dann noch lebt, der jauchzt und kann sich seines Lebens freun!

(Sie stehn einander, Elektra in wilder Trunkenheit, Klytämnestra gräßlich atmend vor Angst, Aug' in Aug'.)

(In diesem Augenblick erhellt sich der Hausflur. Die Vertraute kommt hergelaufen. Sie flüstert Klytämnestra etwas ins Ohr.

das in Sekunden das Schicksal zu wenden scheint, Sieger zu Besiegten, Zerstörte zu Triumphatoren macht! Nun liegt, da lange niemand singt, alles Geschehen im Orchester. Es ist unmöglich, dessen Paroxysmus zu schildern, das Rasen seiner hundert, hundertzwanzig Stimmen, ihr anscheinend wahnsinniges Durcheinanderlaufen, ihre komplementären Rhythmen, die einander ergänzen und jeder für sich Unheimliches bedeuten.

Stummes Spiel begleitet die ungeheuerliche Szene. Als die Königin zu verstehen scheint, was ihre Vertrauten ihr in rasender Eile zuflüstern, erhebt sie sich, langsam und doch so schnell sie es nur vermag, möchte am liebsten der Tochter an die Gurgel springen, unterläßt es aber in aufflackerndem Siegesgefühl, das diese Feindin bald zu ihren Füßen sehen wird ... Und stürzt, sich anklammernd, wo sich ein Halt bietet, ins Haus.

In Elektras plötzliche Erstarrung, die den Wandel nicht begreifen kann, schreit die herbeilaufende Schwester Chrysothemis:

(Fortsetzung des Notenbeispiels S. 70)

Diese scheint erst nicht recht zu verstehn. Allmählich kommt sie
zu sich. Sie winkt: »Lichter!« Es laufen Dienerinnen mit
Fackeln heraus und stellen sich hinter Klytämnestra.)

(Klytämnestra winkt: »Mehr Lichter!« Es kommen immer mehr
Dienerinnen heraus, stellen sich hinter Klytämnestra, so daß
der Hof voll von Licht wird und rotgelber Schein um die Mau-
ern flutet. Nun verändern sich ihre Züge allmählich und die
Spannung weicht einem bösen Triumph. Sie läßt sich die Bot-
schaft abermals zuflüstern und verliert dabei Elektra keinen
Augenblick aus dem Auge.)

(Ganz bis an den Hals sich sättigend mit wilder Freude, streckt
sie die beiden Hände drohend gegen Elektra. Dann hebt ihr die
Vertraute den Stock auf, und auf beide sich stützend, eilig, gie-
rig, an den Stufen ihr Gewand aufraffend, läuft sie ins Haus.
Die Dienerinnen mit den Lichtern, wie gejagt, hinter ihr drein.)

Elektra:
Was sagen sie ihr denn? sie freut sich ja! Mein Kopf! Mir fällt
nichts ein! Worüber freut sich das Weib?

(Chrysothemis kommt, laufend, zur Hoftür herein, laut heulend
wie ein verwundetes Tier.)

Chrysothemis (schreiend):
Orest! Orest ist tot!

Elektra (winkt ihr ab, wie von Sinnen):
Sei still!

69

(13)

Mit ganzer Wucht stürzt das Orest-Thema, sonst so lyrisch, so innig, so wundervoll vertrauensstark, ein Meer von Liebe, in tobend gesteigertem Tempo, kaum noch erkennbar, in den Abgrund.

Der immer wieder durch Schluchzen unterbrochenen Erzählung Chrysothemis' vom Tode des Bruders – wie ihn »die fremden Männer« nun bereits allen erzählt hätten – setzt Elektra nur immer ihr »Es ist nicht wahr!« entgegen. Felsenfest glaubt sie daran, daß es nicht wahr sei, nicht wahr sein dürfe ...:

(14)

Chrysothemis:

Orest ist tot.

(Elektra bewegt die Lippen.)

Ich kam hinaus, da wußten sie's schon! Alle standen herum und
alle wußten es schon, nur wir nicht.

Elektra (dumpf):

Niemand weiß es.

Chrysothemis:

Alle wissen's.

Elektra:

Niemand kann's wissen; denn es ist nicht wahr.

(Chrysothemis wirft sich verzweifelt auf den Boden.)

Elektra (Chrysothemis emporreißend):

Es ist nicht wahr! Es ist nicht wahr, ich sag dir doch, es ist nicht
wahr!

Chrysothemis:

Die Fremden standen an der Wand, die Fremden, die herge-
schickt sind, es zu melden: zwei, ein Alter und ein Junger. Allen

In tiefster Verzweiflung sind die Schwestern im dunklen Winkel niedergesunken. Ein junger Diener kommt gelaufen, ruft in den angrenzenden Stall, er brauche sofort ein Pferd, um aufs Feld hinauszureiten, dem Herrn die große Botschaft mitzuteilen ... Sein Davonsprengen wird von aufgeregten Rhythmen des Orchesters untermalt bis zum Verklingen. Nur die leise schlagende Pauke bleibt übrig.

hatten sie's schon erzählt, im Kreise standen Alle um sie herum und Alle

(mit Anstrengung)
Alle wußten es schon.

Elektra *(mit höchster Kraft):*
Es ist nicht wahr!
Chrysothemis:
An uns denkt Niemand. Tot, Elektra, tot! Gestorben in der Fremde! Tot! Gestorben dort in fremdem Land. Von seinen Pferden erschlagen und geschleift.

(Sie sinkt vor der Schwelle des Hauses an Elektras Seite in wilder Verzweiflung hin.)

Ein junger Diener (kommt eilig aus dem Haus, stolpert über die vor der Schwelle Liegende hinweg):
Platz da! Wer lungert so vor einer Tür? Ah! konnt mir's denken! Heda, Stallung! he!

Ein alter Diener (finsteren Gesichts, zeigt sich an der Hoftür):
Was soll's im Stall?

Junger Diener:
Gesattelt soll werden, und so rasch als möglich! hörst du? Ein Gaul, ein Maultier oder meinetwegen auch eine Kuh, nur rasch!

Alter Diener:
Für wen?

Junger Diener:
Für den, der's dir befiehlt. Da glotzt er! Rasch, für mich! Sofort für mich! Trab, trab! Weil ich hinaus muß aufs Feld, den Herren holen, weil ich ihm Botschaft zu bringen habe, große Botschaft, wichtig genug, um eine eurer Mähren zu Tod *(im Abgehen)* zu reiten –

(Auch der alte Diener verschwindet.)

Die Pauke schlägt, wie aus weiter Ferne, schlägt, schlägt. Als raffe sie die Gedanken Elektras auf, forme sie neu. Und sie wendet sich an die Schwester, die lange nicht begreift, was Elektra von ihr will. In fliegender Hast, beinahe geflüstert, vom Orchester wie ein verschwörerisches Geheimnis untermalt, hat Elektra bereits ihren Plan gefaßt: Sie, die beiden Frauen, müssen die entsetzliche Tat nun begehen ...

Chrysothemis schreckt zurück vor dem Gedanken der Schwester. Elektra bietet ihre ganze Kraft der Überzeugung auf, ihren gesamten fanatischen Willen ...

Elektra (vor sich hin, leise und sehr energisch):
Nun muß es hier von uns geschehn.

Chrysothemis (verwundert fragend):
Elektra?

Elektra (alles in fliegender Hast):
Wir! Wir beide müssen's tun.

Chrysothemis:
Was, Elektra?

Elektra (leise):
Am besten heut, am besten diese Nacht.

Chrysothemis:
Was, Schwester?

Elektra:
Was? Das Werk, das nun auf uns gefallen ist,

(sehr schmerzlich)
weil er nicht kommen kann.

Chrysothemis (angstvoll steigernd):
Was für ein Werk?

Elektra:
Nun müssen du und ich hingehn und das Weib und ihren Mann
erschlagen.

Chrysothemis (leise schaudernd):
Schwester, sprichst du von der Mutter?

Elektra (wild):
Von ihr und auch von ihm. Ganz ohne Zögern muß es geschehn.
Schweig still. Zu sprechen ist nichts. Nichts gibt es zu bedenken,
als nur: wie? wie wir es tun.

Chrysothemis erfährt, was noch niemand weiß: daß Elektra das Beil vergrub, mit dem einst ihr Vater erschlagen wurde, und das von Elektra längst zur Waffe ausersehen ist, den Mord zu sühnen:

(15)

Chrysothemis:

Ich?

Elektra:

Ja, du und ich. Wer sonst?

Chrysothemis (entsetzt):

Wir, wir beide sollen hingehn? Wir, wir zwei mit unsern beiden
Händen?

Elektra:

Dafür laß du mich nur sorgen

(geheimnisvoll)

Das Beil, *(stärker)* das Beil, womit der Vater –

Chrysothemis:

Du, Entsetzliche, du hast es?

Elektra:

Für den Bruder bewahrt ich es. Nun müssen wir es schwingen.

Chrysothemis:

Du? Diese Arme den Aegisth erschlagen?

Chrysothemis, die schwache, liebliche, weiche, weibliche bäumt sich gegen die stärkere Schwester auf, deren Plan so unerschütterlich feststeht und sie wie selbstverständlich einbezieht. Morden –, nein, das kann sie nicht, das ist gegen ihre Natur, auch wenn es hundertmal ein »gerechter« Mord ist, eine Sühnetat, wie ihre Umwelt sie begreifen, ja beinahe fordern würde.

Aus Elektra, der Fordernden, wird eine Bittende. Sie hat die Schwester umklammert, mit zwingender, gewaltsamer Gebärde. Doch nun, in der Umklammerung fühlt sie, zum ersten Mal im Leben, die gesunde Stärke der Schwester, deren natürliche Kräfte und setzt zu einer weitgeschwungenen Melodie an:

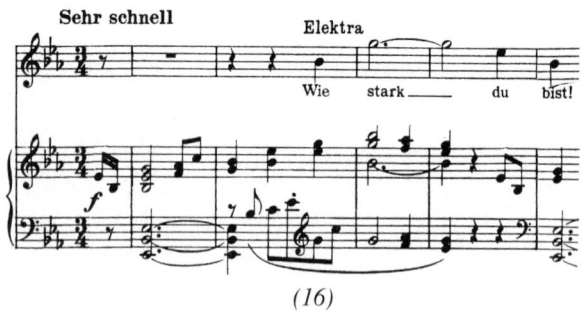

(16)

78

Elektra (wild):

Erst sie, dann ihn, erst ihn, dann sie, gleichviel.

Chrysothemis:

Ich fürchte mich.

Elektra:

Es schläft Niemand in ihrem Vorgemach.

Chrysothemis:

Im Schlaf sie morden!

Elektra:

Wer schläft, ist ein gebund'nes Opfer. Schliefen sie nicht zu-
samm', könnt' ich's allein vollbringen. So aber mußt du mit.

Chrysothemis (abwehrend):

Elektra!

Elektra:

Du! Du! denn du bist stark.

(dicht bei Chrysothemis)

Wie stark du bist! dich haben die jungfräulichen Nächte stark
gemacht. Überall ist so viel Kraft in dir. Sehnen hast du wie ein
Füllen. Schlank sind deine Füße. Wie schlank und biegsam –
leicht umschling ich sie – deine Hüften sind. Du windest dich
durch jeden Spalt, du hebst dich durchs Fenster! Laß mich deine

Es ist ein seltsamer Hymnus: Gespenstisch, unheimlich und doch bewundernd besingt Elektra die ihr so nahe, schwesterliche und doch nie beachtete. Jedes der »Duette« dieser Oper – wie fern sind sie dieser Musikform älterer Zeiten! – hat seinen eigenen, unverwechselbaren Charakter. Elektra, die an allen teilhat, ist trotz der monolithischen Einheitlichkeit ihres Charakters, der von einem einzigen Wahn besessen wird, hundertfältig, unfaßbar vielgestaltig. Soeben die abgründig hassende, ironisch auftrumpfende, sadistisch grausame Tochter zur zusammengebrochenen Mutter, nun die sich in echte Begeisterung steigernde Schwester, die in Chrysothemis alles das erkennt, was sie selbst von sich warf, verachtete, nie zum Bewußtsein kommen ließ: die Schönheit, die Zärtlichkeit, die weibliche Liebesfähigkeit, die Kraft der Liebesleidenschaft …

Es ist echt, daran besteht kein Zweifel, und doch ist eine letzte Spur von »Spiel« dabei: Auch dieser Hymnus dient nur dem einzigen Sinn, den Elektra ihrem Leben gegeben hat, und von dem es ein Abweichen nie mehr geben kann. Nur auf die Rache ist auch dieser schwesterliche Liebessang ausgerichtet, der dadurch seltsam zwischen Wahrheit und unbewußter Lüge taumelt.

Wie betäubt hört Chrysothemis –, und hört doch nicht, was sie noch nie gehört hat; fühlt Chrysothemis –, und fühlt doch nicht, was ihr noch nie ins Bewußtsein trat. Und wiederholt immer wieder nur den einen, verzweifelten Wunsch: diesem Käfig, diesem Kerker endlich entfliehen zu können …

Zuletzt wird die Harte, Grausame vollends zur liebenden Schwester, die sie nie gewesen. Ergreifend wird ihr Flehen, und da ist nichts mehr von Verstellung, da fällt eine letzte, tiefste Hülle der verkümmerten Seele:

(Notenbeispiel S. 82)

80

Arme fühlen, wie kühl und stark sie sind. Wie du mich abwehrst, fühl ich, was das für Arme sind! Du könntest erdrücken, was du an dich ziehst. Du könntest mich oder einen Mann in deinen Armen ersticken, überall ist so viel Kraft in dir. Sie strömt wie kühles, verhalt'nes Wasser aus dem Fels. Sie flutet mit deinen Haaren auf die starken Schultern herab. Ich spüre durch die Kühle deiner Haut das warme Blut hindurch, mit meiner Wange spür ich den Flaum auf deinen jungen Armen. Du bist voller Kraft, du bist schön, du bist wie eine Frucht an der Reife Tag.

Chrysothemis:
Laß mich!

Elektra:
Nein, ich halte dich! Mit meinen traurigen verdorrten Armen umschling ich deinen Leib, wie du dich sträubst, ziehst du den Knoten nur noch fester, ranken will ich mich rings um dich, versenken meine Wurzeln in dich und mit meinem Willen dir impfen das Blut.

Chrysothemis:
Laß mich!

(sie flüchtet ein paar Schritte.)

Elektra (wild ihr nach, faßt sie am Gewand):
Nein, ich laß dich nicht.

Chrysothemis:
Elektra, hör mich! Du bist so klug, hilf uns aus diesem Haus. Hilf uns ins Freie! Elektra, hilf uns, hilf uns in Freie …

(17)

Dies ist keine »Oper« in früherem Sinn: Es ist nicht die Vertonung eines eigens gefertigten »Librettos«, dessen Dichter sehr
wohl darauf bedacht ist, mit wenigen Worten große Freiräume
für die Musik zu schaffen. Hier liegt, wie schon in »Salome«, der
noch neue, kaum erprobte Typus der »Literaturoper« vor, bei
dem der Text, die Dichtung ihren gleichen Anteil am Werk fordert. Das bedeutet auch die gleiche Aufmerksamkeit für den text-
lichen wie für den musikalischen Ablauf. Da aber eine solche
Spaltung der Aufmerksamkeit eine unerfüllbare Forderung an
den Hörer darstellt, wird ihm dringend nahegelegt, den Ablauf
des Dramas und den tiefgründigen Text zuvor in sich aufzuneh-
men, bevor er an die Verzauberung durch die Musik geht.

Elektra ist ein ekstatisches Wesen –, so überliefert es der Mythos, so schildert sie Sophokles; doch Hofmannsthal und Strauss
steigern ihre Ekstasen noch zum Paroxysmus. Elektra überwäl-
tigt die Schwester mit ekstatischen Zukunftsbildern, die wild aus
ihr hervorbrechen ... und doch steht dahinter, ihr selbst verstan-
desmäßig kaum noch bewußt, das Ziel, das unbedingt erreicht
werden muß. Und plötzlich, als sie fühlt, daß der Schwester

Elektra:

Von jetzt an will ich deine Schwester sein, so wie ich niemals
deine Schwester war! Getreu will ich mit dir in deiner Kammer
sitzen und warten auf den Bräutigam. Für ihn will ich dich salben und ins duftige Bad sollst du mir tauchen wie der junge
Schwan, und deinen Kopf an meiner Brust verbergen, bevor er
dich, die durch den Schleier glüht wie eine Fackel, in das Hoch-
zeitsbett mit starken Armen zieht.

Chrysothemis (schließt die Augen):

Nicht, Schwester, nicht. Sprich nicht ein solches Wort in diesem
Haus.

Elektra:

O ja! weit mehr als Schwester bin ich dir von diesem Tage an:
ich diene dir wie eine Sklavin! Wenn du liegst in Weh'n, sitz ich
an deinem Bette Tag und Nacht, wehr' dir die Fliegen, schöpfe
kühles Wasser, und wenn auf einmal auf dem nackten Schoß dir
ein Lebendiges liegt, erschreckend fast, so heb' ich's empor, so
hoch, damit sein Lächeln hoch von oben in die tiefsten, geheim-
sten Klüfte deiner Seele fällt und dort das letzte, eisig Gräßliche
vor dieser Sonne schmilzt und du's in hellen Tränen ausweinen
kannst.

Chrysothemis:

O bring mich fort! Ich sterb in diesem Haus!

Elektra (an ihren Knieen):

Dein Mund ist schön, wenn er sich einmal auftut, um zu zürnen!
Aus deinem reinen, starken Mund muß furchtbar ein Schrei her-

innerster Widerstand nicht zu brechen ist, wird sie wieder zur drohenden, unerbittlichen, gnadenlosen, todesgefährlichen Person. Schneidend, als schwänge sie nun selbst das Beil, droht sie, gewaltig von bohrenden Tönen des Orchesters gestützt:

(18)

Der Kampf lodert nochmals auf, mit letzter Kraft wehrt Chryso-themis sich, fleht, fordert immer wieder »Laß mich!«; immer rasender aber drängt und verlangt Elektra, das Orchester jagt, flüstert, tobt, manchmal springen Motive oder Motivfetzen wie Blasen aus siedendem Wasser.

vorsprühn, furchtbar, wie der Schrei der Todesgöttin, wenn man unter dir so daliegt, wie nun ich.

Chrysothemis:
Was redest du?

Elektra (aufstehend):
Denn eh' du diesem Haus und mir entkommst, mußt du es tun.

(Chrysothemis will reden, Elektra hält ihr den Mund zu.)
Dir führt kein Weg hinaus als der. Ich laß dich nicht, eh du mir Mund auf Mund es zugeschworen, daß du es tun wirst.

Chrysothemis (windet sich los):
Laß mich!

Elektra (faßt sie wieder):
Schwör, du kommst heut nacht, wenn alles still ist, an den Fuß der Treppe!

Chrysothemis:
Laß mich!

Elektra (hält sie am Gewand):
Mädchen, sträub dich nicht! Es bleibt kein Tropfen Blut am Leibe haften, schnell schlüpfst du aus dem blutigen Gewand mit reinem Leib ins hochzeitliche Hemd.

In einem rasenden Aufwärtslauf des Orchesters springt Chryso-
themis aus Elektras Umklammerung und rettet sich. Mit höch-
ster Kraft schleudert Elektra ihr einen Fluch nach. Dann, nach
einem Augenblick der Sammlung steht alles klar vor Elektra:
und »mit wilder Entschlossenheit« (wie Hofmannsthal verlangt)
stürzt Elektra sich in die Arbeit: Mit ihren bloßen Händen gräbt
sie in der Erde des Hofwinkels nach dem Beil, das dort versteckt
ist. Äußerst anschaulich die Musik: ein fieberhaftes Raunen aus
der Tiefe, rasend schnell, ohne feste Konturen anzunehmen,
unheimlich:

(Notenbeispiel S. 88)

Chrysothemis:
Laß mich!

Elektra (immer dringender):
Sei nicht zu feige! Was du jetzt an Schaudern überwindest, wird
vergolten mit Wonneschaudern Nacht für Nacht.

Chrysothemis:
Ich kann nicht!

Elektra:
Sag, daß du kommen wirst!

Chrysothemis:
Ich kann nicht!

Elektra:
Sieh, ich lieg' vor dir, ich küsse deine Füße.

Chrysothemis:
Ich kann nicht.

(ins Haustor springend.)

Elektra:
Sei verflucht!
(mit wilder Entschlossenheit)

Nun denn, allein!

*Sie fängt an der Wand des Hauses, seitwärts der Türschwelle
eifrig zu graben an, lautlos wie ein Tier. Hält im Graben inne,
sieht sich um, gräbt wieder. Elektra sieht sich von neuem um
und lauscht, Elektra gräbt weiter.)*

Äußerst schnell

(19)

Plötzlich fällt ein langer Schatten in das letzte Dämmergrau des Hofes. Zutiefst erschreckt fährt Elektra auf. Ein Mann steht im Hoftor, von den letzten Strahlen der untergehenden Sonne beleuchtet: eine Vision, wie nur ein großer Dichter sie festhalten konnte, kein Regisseur sollte sie leichtfertig mißachten. Strauss, mit wenigen Noten, aber atemberaubend das Herzstocken Elektras malend:

Sehr schnell

(20)

Und der fremde Mann antwortet, ebenso tonlos, und doch in bedeutungsvollem Sprechgesang:

(Notenbeispiel S. 90)

(Orest steht in der Hoftür, von der letzten Helle sich schwarz abhebend. Er tritt herein. Elektra blickt auf ihn, er dreht sich langsam um, so daß sein Blick auf sie fällt. Elektra fährt heftig auf.)

Elektra (zitternd):
Was willst du, fremder Mensch? was treibst du dich zur dunklen Stunde hier herum, belauerst, was andre tun! Ich hab hier ein Geschäft. Was kümmert's dich? Laß mich in Ruh!

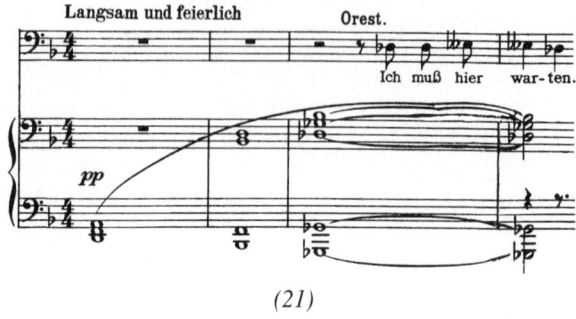

(21)

Des Fremden Worte werden feierlich unterstrichen durch dunkle Posaunenakkorde, still, in unendlicher Ruhe. Es ist wie der Gruß aus einer anderen Welt. Elektra nimmt den Bescheid nicht hin: Wer hat in jenem Hinterhof etwas zu suchen, »auf etwas zu warten«? Nur knapp beantwortet sie, wie ausweichend, die Frage des Fremden, ob sie eine der Mägde des Hauses sei. Ja, sie diene hier. Und sofort wieder weist sie den Fremdling fort: Sie muß das Beil ausgraben … vielleicht heute nacht schon, in wenigen Stunden also, soll die Tat vollbracht werden. Von ihr allein nun, da niemand hilft: der Bruder tot, die Schwester feig. Doch der Fremde läßt sich nicht abweisen. Wieder die feierlichen Posaunenklänge, die im Ohr haften bleiben:

(Notenbeispiel S. 92)

Orest:

Ich muß hier warten.

Elektra:

Warten?

Orest:

Doch du bist hier aus dem Haus? bist eine von den Mägden dieses Hauses?

Elektra:

Ja, ich diene hier im Haus. Du aber hast hier nichts zu schaffen, freu dich und geh.

Orest:

Ich sagte dir: ich muß hier warten, bis sie mich rufen.

Elektra:

Die da drinnen? Du lügst. Weiß ich doch gut, der Herr ist nicht zu Haus. Und sie, was sollte sie mit dir?

(22)

Das ist zu viel für Elektra. Dem Unglücksboten gegenüberzustehen, der ihr die schlimmste aller möglichen Nachrichten kündet
– die einzige, die sie aufwühlen, niederschmettern kann –, das
löst ihren seelischen Halt, läßt ihre Worte überströmen

Orest:

Ich und noch einer, der mit mir ist, wir haben einen Auftrag an die Frau. Wir sind an sie geschickt, weil wir bezeugen können, daß ihr Sohn Orest gestorben ist vor unsren Augen, denn ihn erschlugen seine eignen Pferde. Ich war so alt wie er und sein Gefährte bei Tag und Nacht.

Elektra:

Muß ich dich noch sehn? Schleppst du dich hierher in meinen traurigen Winkel, Herold des Unglücks! Kannst du nicht die Botschaft austrompeten dort, wo sie sich freun! Dein Aug' da starrt mich an, und seins ist Gallert. Dein Mund geht auf und zu und seiner ist mit Erde vollgepfropft. Du lebst, und er, der besser war als du, und edler tausendmal, und tausendmal so wichtig, daß er lebte, er ist hin!

Im Innersten berührt ist der Fremde langsam nähergetreten. Er blickt die Jammernde an, aber kann die Wahrheit unmöglich erraten: daß dieses völlig herabgekommene, fast zerlumpte Geschöpf, vorzeitig gealtert und verwüstet, seine Schwester sein könne. Aber verwandt muß sie den Toten doch sein, um derart um sie klagen zu können!

Verwandt? Sie ist dieses Blut, das gleiche Blut ... sie ist Elektra!

Der Fremde kann es nicht fassen. Fragend zuerst, zweifelnd, dann namenlos entsetzt spricht er den Namen der Schwester aus. Zuletzt in einem bewegten Ausbruch, der Schauer und Jubel zugleich ist:

(Notenbeispiel S. 96)

Orest (ruhig):

Laß den Orest. Er freute sich zu sehr an seinem Leben. Die Götter droben vertragen nicht den allzu hellen Laut der Lust. so
mußte er denn sterben.

Elektra:

Doch ich! Doch ich! Da liegen und zu wissen, daß das Kind nie
wieder kommt, nie wieder kommt. Daß das Kind da drunten in
den Klüften des Grausens lungert, daß die da drinnen leben und
sich freuen, daß dies Gezücht in seiner Höhle lebt und ißt und
trinkt und schläft – und ich hier droben, wie nicht das Tier des
Waldes einsam und gräßlich lebt – ich hier droben allein!

Orest:

Wer bist denn du?

Elektra:

Was kümmert's dich, wer ich bin?

Orest:

Du mußt verwandtes Blut zu denen sein, die starben, Agamemnon und Orest.

Elektra:

Verwandt? Ich bin dies Blut. Ich bin das hündisch vergossene
Blut des Königs Agamemnon. Elektra heiß ich.

Orest:

Nein.

Elektra:

Er leugnet's ab. Er bläst auf mich und nimmt mir meinen
Namen.

Orest:

Elektra!

Elektra:

Weil ich nicht Vater hab,

(23)

Noch ahnt Elektra nicht einmal, mit wem sie spricht. Sie schämt sich ihrer Schwäche, wünscht den Fremden rasch fort, in den Palast, wo er Freude erwecken wird … Ja, wo Chrysothemis sogar Erleichterung empfinden müsse, denn nun könnten die Tage der Absperrung gegen außen vorbei sein …

Orest:

Elektra!

Elektra:

noch Bruder, bin ich der Spott der Buben!

Orest:

Elektra! Elektra! So seh ich sie? Ich seh sie wirklich, du? So haben sie dich darben lassen oder – sie haben dich geschlagen?

Elektra:

Laß mein Kleid! Wühl' nicht mit deinem Blick daran.

Orest:

Was haben sie gemacht mit deinen Nächten? Furchtbar sind deine Augen,

Elektra:

Laß mich!

Orest:

Hohl sind deine Wangen!

Elektra:

Geh ins Haus, drin hab ich eine Schwester, die bewahrt sich für Freudenfeste auf!

Doch der Fremde wird eindringlich, flüstert Elektra ins Ohr:
»Orestes lebt!« Bebend wirft diese sich herum, starrt in des
Fremden Antlitz. Mit ganzer Kraft hält sie ihren Freudenschrei
zurück, weil der Fremde es ihr so zu befehlen scheint. Doch –,
wer ist er?

Angst bemächtigt sich ihrer: Lebt Orest, ist er unversehrt, frei?
Ihn retten, nur ihn erretten!!

Da hält der Fremde nicht mehr zurück, wie einen Racheschwur
stößt er hervor: »Bei meines Vaters Leichnam, dazu kam ich
her!«

Und Elektra, am ganzen Leib zitternd, fragt den Fremden, wer
er sei.

Ehe der noch antworten kann, laufen einige alte Diener herzu
und werfen sich dem Fremden zu Füßen, in stummem Jubel, trä-
nenüberströmt.

Orest:

Elektra, hör mich!

Elektra:

Ich will nicht wissen, wer du bist. Ich will Niemand sehn.

Orest:

Hör mich an, ich hab nicht Zeit. Hör zu:

(leise)

Orestes lebt!

(Elektra wirft sich herum.)

Wenn du dich regst, verrätst du ihn.

Elektra:

So ist er frei? wo ist er?

Orest:

Er ist unversehrt wie ich.

Elektra:

So rett ihn doch, bevor sie ihn erwürgen.

Orest:

Bei meines Vaters Leichnam, dazu kam ich her!

Elektra (von seinem Ton getroffen):

Wer bist denn du?

Der alte, finstre Diener stürzt, gefolgt von drei andern Dienern, aus dem Hof lautlos herein, wirft sich vor Orest nieder, küßt seine Füße, die andern Orests Hände und den Saum seines Gewandes.)

Elektra (kaum ihrer mächtig):

Wer bist du denn? Ich fürchte mich.

Und auf die nochmalige bebende Frage Elektras erklingt die ruhige, innige Antwort des Fremden:

(24)

Es ist das Orest-Thema in seiner ganzen Innigkeit, das Strauss hier den schönen Worten Hofmannsthals übergestreift hat. (Nicht immer mag alles in dieses Dichters Texten lupenrein sein – obwohl gerade er als Sprachkünstler hohen Grades galt –, aber dann leuchten immer wieder, wie hier, Bilder auf, die in ihrer Ausdruckskraft nicht zu überbieten sind.)
Und nun erfolgt der Aufschrei, den Elektra nicht länger unterdrücken kann, markerschütternd, erlösend:

(Notenbeispiel S. 102)

Orest (sanft):
Die Hunde auf dem Hof erkennen mich, und meine Schwester nicht?

(25)

In einem solchen Augenblick mag es gestattet sein, die Drama-
turgie zu vergessen. Denn in der nun völlig abendlichen Stille
müßte ein solcher Aufschrei weithin gellen und die gefährliche
Situation verraten. Aber das wären kleinliche Einwände, unwert
der Großartigkeit dieser Szene: Dieses Mal ist es keine nerven-
zerreißende wie es die Zwiesprache Elektras mit ihrer Mutter
war, nicht das rasende, bohrende Flehen Elektras vor ihrer
Schwester – zwei Erregungszustände, die weit ins Krankhafte
weisen –, nein, hier setzt der große lyrische Höhepunkt des
Werkes ein, eine Oase von überirdischer Schönheit.

Nach dem Schrei folgt ein langes Orchesterzwischenspiel, bevor
eines der Geschwister zur Sprache findet. Doch das Orchester
spricht für sie, singt wie in ferner Erinnerung an die Kindheit,

Elektra (aufschreiend):
Orest!

an Tage der Zärtlichkeit, der Spiele und Träume. Dann, als habe ihre Stimme einen neuen Klang, flüstert Elektra den geliebten Namen des Bruders ein um das andere Mal. Orests Motiv, schon in seiner Urform von starkem Ausdruck, blüht auf. Wer – außer vielleicht Puccini – konnte im 20. Jahrhundert noch solche überströmenden Melodien schreiben wie Richard Strauss?

(26)

Restlos vollendet hier das Ineinandergreifen wundervoller Verse (»O laß deine Augen mich sehn, Traumbild, mir geschenktes Traumbild ...«) und einer zutiefst anrührenden Melodie, die für Minuten vergessen läßt, daß sie nur Brücke sein kann zwischen Schrecklichem und Furchtbarem. Beinahe unfaßbar, wie die großteils atonale, oft schrillste Dissonanzen häufende, Nachtzustände zerrütteter Seelen malende Musik solchen Wohlklangs fähig sein kann, milder, von romantischem Gefühl getragener Kantilenen. Unfaßbar auch die Meisterschaft, wie Strauss es bei der Vertonung stets versteht, die lyrischen Freiräume für die Musik zu schaffen, nachdem er sie an anderen Stellen dem jagenden Text atemlos angepaßt hat;

(Fortsetzung Notenbeispiel S. 106)

(ganz leise, bebend)
Orest! Orest! Orest! Es rührt sich niemand. O laß deine Augen
mich sehn, Traumbild, mir geschenktes Traumbild, schöner als
alle Träume. Hehres, unbegreifliches, erhabenes Gesicht, o bleib
bei mir! Lös' nicht in Luft dich auf, vergeh mir nicht, vergeh mir
nicht, es sei denn, daß ich jetzt gleich sterben muß und du dich
anzeigst und mich holen kommst: dann sterb ich seliger als ich
gelebt!

(27)

Doch das Schreckliche kehrt zurück, aus Elektra stürzt förmlich
die Erzählung ihrer Leiden hervor, die sie ja nie jemandem
anvertrauen konnte: nun soll der Bruder sie erfahren …

Orest! Orest!

(Orest neigt sich zu ihr, sie zu umarmen.)
Nein, du sollst mich nicht umarmen! Tritt weg, ich schäme mich
vor dir. Ich weiß nicht, wie du mich ansiehst. Ich bin nur mehr
der Leichnam deiner Schwester, mein armes Kind. Ich weiß, es
schaudert dich vor mir, und war doch eines Königs Tochter. Ich
glaube, ich war schön: Wenn ich die Lampe ausblies vor meinem
Spiegel fühlt ich es mit keuschem Schauer. Ich fühlt' es, wie der
dünne Strahl des Mondes in meines Körpers weißer Nacktheit
badete, so wie in einem Weiher. Und mein Haar war solches
Haar, vor dem die Männer zittern. Dies Haar, versträhnt, be-
schmutzt, erniedrigt, verstehst du's Bruder? Ich habe alles, was
ich war, hingeben müssen. Meine Scham hab ich geopfert, die
Scham, die süßer als Alles ist, die Scham, die wie der Silber-
dunst, der milchige des Monds, um jedes Weib herum ist und das
Gräßliche von ihr und ihrer Seele weghält, verstehst du's, Bruder?
Diese süßen Schauder hab ich dem Vater opfern müssen. Meinst
du, wenn ich an meinem Leib mich freute, drangen seine Seuf-
zer, drang nicht sein Stöhnen an mein Bette?
Eifersüchtig sind die Toten, und er schickte mir den Haß, den
hohläugigen Haß als Bräutigam. So bin ich eine Prophetin
immerfort gewesen und habe nichts hervorgebracht aus mir und
meinem Leib als Flüche und Verzweiflung. Was schaust du
ängstlich um dich? Sprich zu mir! Sprich doch! Du zitterst ja am
ganzen Leib?

Orest richtet sich hoch auf, er zittert am ganzen Körper. Aber es ist kein Beben der Angst: Entschlossen und gespannt ist er , das zu vollbringen, wozu er herkam.

Nochmals wandelt die Musik sich, zu Ende ist der innige Zwiegesang der Seelen: Zur Tat ruft die Stunde, und das Orchester wird immer entschlossener, wird beinahe hymnisch, vereint die beiden Stimmen. Elektra bewegt sich wie in einem Taumel, längst nicht mehr Herrin ihrer selbst. Die Stunde ist gekommen, jene Stunde, für die sie einzig gelebt hat und nach der weiterzuleben – sie weiß es – ihr nicht mehr gegeben sein wird. Es gibt für sie kein »Nachher« mehr, kann es nie mehr geben. Ihr Leben ist zu Ende, wenn die Tat getan sein wird, die Welt wird zu Ende sein mit den Todesschreien ihrer Mutter und Aegisths ...

Orests Gefährte ist herbeigeeilt, sein »Pfleger« aus Jugendtagen, der ihn im fernen Exil vorbereitete für die große Tat,

Orest:

Laß zittern diesen Leib! Er ahnt, welchen Weg ich ihn führe.

Elektra:

Du wirst es tun? Allein? Du armes Kind?

Orest:

Die diese Tat mir auferlegt,
Die Götter werden da sein, mir zu helfen.

Elektra:

Du wirst es tun! Der ist selig, der tun darf.

Orest:

Ich will es tun, ich will es eilig tun!

Elektra:

Die Tat ist wie ein Bette, auf dem die Seele ausruht,

Orest:

Ich werde es tun!

Elektra:

wie ein Bett von Balsam, drauf die Seele ruhen kann, die eine
Wunde ist, ein Brand, ein Eiter, eine Flamme!

Orest:

Ich werde es tun!

Elektra:

Der ist selig, der seine Tat zu tun kommt, selig der, der ihn
ersehnt, selig, der ihn erschaut! Selig, wer ihn erkennt, selig, wer
ihn berührt. Selig, wer ihm das Beil aus der Erde gräbt, selig,
wer ihm die Fackel hält, selig, selig, wer ihm öffnet die Tür.

*(Der Pfleger Orests steht in der Hoftür, ein starker Greis mit
blitzenden Augen.)*

109

*anstatt ihn zu töten, wie Klytämnestra es wohl wollte und ange-
stiftet hatte. Mit seinem Schützling ist er nun gekommen, um ihm
in der großen Stunde zur Seite zu stehen. Erschreckt mahnt er
die Geschwister zur Ruhe, in Kürze wird man die »Boten« in den
Palast bitten ...*

*Dann Lichter, Lärm. Dienerinnen leuchten mit Fackeln, das
Hoftor ist geöffnet worden, den beiden Fremden, die voll
gespannter Erwartung stumm dastehen, wird bedeutet einzutre-
ten. Elektra ist ins Dunkel zurück gekrochen, sie verbirgt sich in
ungeheurer Aufregung.*

*Augenblicke wahnsinniger Spannung setzen ein. Für sie findet
Strauss Sturmläufe des Orchesters in tiefster Lage, jagend, wie
ein Orkan, der sich zusammengebraut hat, nun losbricht und
immer näher kommt ...:*

schnell und heftig

(28)

Der Pfleger (hastig auf sie zu):
Seid ihr von Sinnen, daß ihr euren Mund nicht bändigt, wo ein Hauch, ein Laut, ein Nichts uns und das Werk verderben kann.

(zu Orest in fliegender Eile)
Sie wartet drinnen. Ihre Mägde suchen nach dir. Es ist kein Mann im Haus, Orest!

(Orest reckt sich auf, seinen Schauder bezwingend.)

(Die Tür des Hauses erhellt sich. Es erscheint eine Dienerin mit einer Fackel, hinter ihr die Vertraute. Elektra ist zurückgesprungen, steht im Dunkel. Die Vertraute verneigt sich gegen die beiden Fremden, winkt, ihr hinein zu folgen. Die Dienerin befestigt die Fackel an einem eisernen Ring im Türpfosten. Orest und der Pfleger gehen hinein. Orest schließt einen Augenblick schwindelnd die Augen, der Pfleger ist dicht hinter ihm, sie tauschen einen schnellen Blick, die Tür schließt sich hinter ihnen.)

(Elektra allein in entsetzlicher Spannung. Sie läuft auf einem Strich vor der Tür hin und her, mit gesenktem Kopf, wie das gefangene Tier im Käfig.)

Plötzlich setzt der Sturm aus. Wahrscheinlich setzt er gar nicht aus, nur das innere Rasen Elektras übertönt ihn für sie. Sie hat dem Bruder das Beil nicht geben können –, ihr Herz scheint still zu stehen –, wie wird er die Tat vollbringen können?

Dann geht das Rasen weiter, es jagt durch alle Tonräume, flüsternd leise, hinauf, hinab ... Dann gellend, wie nicht mehr menschlich , der gräßliche Todesschrei Klytämnestras. Elektra, rasend, außer sich, erwidert diesen Schrei mit dem ihren:

(29)

Und dann der zweite Schrei Klytämnestras, lang, wieder gellend, aber schon in Röcheln übergehend.
Verschreckt kommt Chrysothemis mit Dienerinnen gelaufen, in Todesangst alle: Es muß im Palast etwas geschehen sein, etwas Furchtbares. Manchmal schreit die Königin aus dem Schlaf, wenn ihre Alpträume sie peinigen –, aber so grauenhaft klang es nie. Waren es nicht Männerschritte, die sie zu vernehmen glaubten? Das musikalische Thema der gewaltigen Oktavschläge ertönt, aber dieses Mal rücken die Oktaven chromatisch aufwärts: C-Cis-D, und die Sekundintervalle reiben sich schrill aneinander. Viele Deutungen sind möglich, aber zu keiner hat der Komponist seine Einwilligung gegeben. Tonmalerei, doch das Dargestellte bleibt abstrakt, undeutbar.

Elektra (steht plötzlich still):
Ich habe ihm das Beil nicht geben können! Sie sind gegangen,
und ich habe ihm das Beil nicht geben können. Es sind keine
Götter im Himmel!

(Abermals ein furchtbares Warten.)

(Von ferne tönt drinnen, gellend, der Schrei Klytämnestras.)

Elektra (schreit auf wie ein Dämon):
Triff noch einmal!

(Von drinnen ein zweiter Schrei.)

(Elektra steht in der Tür, mit dem Rücken an die Tür gepreßt.)

*(Aus dem Wohngebäude links kommen Chrysothemis und eine
Schar Dienerinnen heraus.)*

Chrysothemis:
Es muß etwas geschehen sein.

Erste Magd:
Sie schreit so aus dem Schlaf.

Zweite Magd:
Es müssen Männer drin sein.

Chaotische Augenblicke vergehen, alles flüchtet ziellos hin und her, das Palasttor bleibt verriegelt.

Dritte Magd:
Alle Türen sind verriegelt.

Zweite Magd:
Ich habe Männer gehen hören.

Vierte Magd (schreiend):
Es sind Mörder, es sind Mörder im Haus!

Erste Magd (schreit auf):
Oh!

Sechs Dienerinnen:
Was ist?

Zweite und dritte Magd:
Was ist?

Erste Magd:
Seht ihr denn nicht, dort in der Tür steht einer!

Chrysothemis:
Das ist Elektra!

Erste, zweite, dritte und vierte Magd:
Elektra,

Chrysothemis:
Das ist ja Elektra!

Erste, zweite, dritte und vierte Magd:
Elektra!

Chrysothemis:
Elektra,

Erste und zweite Magd:
Warum spricht sie denn nicht?

Durch das Hoftor tritt Aegisth, tastet sich wütend durch das Halbdunkel, die Mägde fliehen, eine einzige Fackel wirft gespenstische Schatten in den Hof. Aegisth schreckt zurück, als er die Gestalt Elektras erblickt, ohne sie sofort zu erkennen.

Chrysothemis:
Warum sprichst du denn nicht?

Vierte Magd:
Ich will hinaus Männer holen!

(Läuft rechts hinaus.)

Chrysothemis:
Mach uns doch die Tür auf, Elektra!

Sechs Dienerinnen:
Elektra, laß uns ins Haus!

Vierte Magd (zurückkommend):
Zurück! Aegisth! Zurück in unsre Kammern, schnell! Aegisth kommt durch den Hof.

Sechs Dienerinnen:
Aegisth!

Vierte Magd:
Wenn er uns findet, und wenn im Hause was geschehen ist, läßt er uns töten!

Erste, zweite und dritte Magd:
Aegisth!

Chrysothemis:
Zurück!

Alle:
Zurück! Zurück!

(Sie verschwinden im Hause links.)

(Aegisth tritt rechts durch die Hoftür auf.)

Elektra ergreift die Fackel, geht Aegisth entgegen, erbietet sich, dem Herrn zu leuchten.

Aegisth ist zu erregt, freudig erregt, um eine Erklärung für den auffallenden Wandel in seiner Stieftochter zu suchen.
Zudem will er sofort Auskunft, wo die »fremden Männer« denn seien, welche die große Neuigkeit überbrachten ...

Elektra weist ihn ins Haus, wo die Gäste eine »liebe Wirtin« vor-gefunden hätten ... Aegisth will mehr wissen: Es bestehe kein Zweifel an der Wahrheit der Nachricht ...

Sogar Aegisth stutzt, ist das Elektra, seine Todfeindin? Die erklärt ihre Wandlung sofort, und ihr Haß bringt ein ungeheures

Aegisth (an der Tür stehen bleibend):
He! Lichter! Lichter! Ist niemand da, zu leuchten? Rührt sich keiner von allen diesen Schuften? Kann das Volk keine Zucht annehmen?

(Elektra nimmt die Fackel von dem Ring, läuft hinunter ihm entgegen und verneigt sich vor ihm.)

(Aegisth erschrickt vor der wirren Gestalt im zuckenden Licht, weicht zurück.)

Aegisth:
Was ist das für ein unheimliches Weib? Ich hab verboten, daß ein unbekanntes Gesicht mir in die Nähe kommt!

(erkennt sie, zornig)
Was, du? Wer heißt dich, mir entgegentreten?

Elektra:
Darf ich nicht leuchten?

Aegisth:
Nun, dich geht die Neuigkeit ja doch vor Allen an. Wo find ich die fremden Männer, die das von Orest uns melden?

Elektra:
Drinnen. Eine liebe Wirtin fanden sie vor, und sie ergetzen sich mit ihr.

Aegisth:
Und melden also wirklich, daß er gestorben ist, und melden so, daß nicht zu zweifeln ist?

Elektra:
O Herr! sie melden's nicht mit Worten bloß, nein, mit leibhaftigen Zeichen, an denen auch kein Zweifel möglich ist.

Aegisth:
Was hast du in der Stimme? Und was ist in dich gefahren, daß du

Ausmaß an Heuchelei zutage. Es ist eine grauenhaft groteske Szene: Elektra, die mit süßen Worten und unterwürfigen Gebärden den verachteten, verhaßten Mann in seinen sicheren Tod führt ...

Das Orchester spielt die grausame Komödie mit. Es fließt zeitweise fast gemächlich dahin, verharrt zwar auf keinem Motiv, spult die Musik aber ab, als wäre nirgends ein Anflug von Gefahr, die Möglichkeit eines Hinterhalts. Und alles nimmt seinen vorbestimmten Lauf: Elektra geleitet Aegisth bis zum Palasttor, besorgt, daß er im Halbdunkel nicht über die Stufen stürze.

Im Innern erblickt er die beiden unbekannten Männer und erfährt von Elektra, es seien die Boten, die ihn erwarteten. Und hört vielleicht gar nicht mehr zu, als Elektra sich mit einer tiefen Verbeugung verabschiedet, als hätte sie endlich gelernt, nicht mehr im Wege zu sein und sich im rechten Augenblick zurückzuziehen ...

Dann geht, unter schrillen, hohen Orchestertönen der zweite Teil des Dramas vor sich. Kaum hat das Tor sich hinter Aegisth geschlossen, steht er seinem Mörder Orest gegenüber. Er erscheint noch einmal in einer Fensteröffnung, schreit um Hilfe, aber seine Rufe verhallen. Und auf seinen verzweifelten Schrei: »Hört mich denn niemand?« erwidert Elektra, Genugtuung und Triumph in der Stimme: »Agamemnon hört dich!«:

(Notenbeispiel S. 122)

nach dem Mund mir redest? Was taumelst du so hin und her mit deinem Licht?

Elektra:

Es ist nichts andres, als daß ich endlich klug ward und zu denen mich halte, die die Stärkern sind. Erlaubst du, daß ich voran dir leuchte?

Aegisth (etwas zaudernd):

Bis zur Tür. Was tanzest du? Gib Obacht.

Elektra (indem sie ihn, wie in einem unheimlichen Tanz umkreist, sich plötzlich tief bückend):

Hier, die Stufen, daß du nicht fällst.

Aegisth (an der Haustür):

Warum ist hier kein Licht? Wer sind die dort?

Elektra:

Die sind's, die in Person dir aufzuwarten wünschen, Herr. Und ich, die so oft durch freche, unbescheid'ne Näh dich störte, will nun endlich lernen, mich im rechten Augenblick zurückzuziehn.

(Aegisth geht ins Haus.)

(Stille)

(Lärm drinnen)

Aegisth (erscheint an einem kleinen Fenster, reißt den Vorhang weg, schreiend):

Helft! Mörder! Helft dem Herren! Mörder, Mörder! Sie morden mich! Hört mich Niemand? Hört mich Niemand?

(Er wird weggezerrt.)

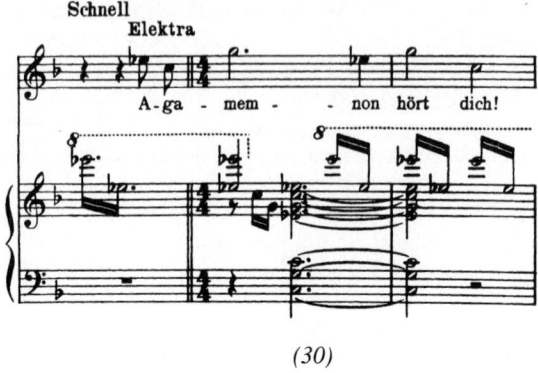

(30)

*Die Stimme folgt genau dem Agamemnon-Motiv. Das Orchester
übernimmt nun die Führung. Im Haus spielt sich das Ende des
Dramas ab. Elektra weiß es, und ihre Ekstase klingt langsam ab,
während sie tiefatmend gegen die Wand gelehnt steht. Sie beachtet die Frauen nicht, die wie wildgewordene Hühner hin und her
rasen, sie beachtet die Schwester nicht, die jubelnd die frohe
Botschaft kündet: Der Bruder ist da! Sie hat Elektra nichts zu
sagen, die stets die Wissende, Planende, Starke war, und Elektra
hat ihr nichts zu sagen, nun da das Werk getan ist, vor dessen
Ausführung sie geflohen war.*

*Das Orchester lenkt auf jenen beschwingten Rhythmus ein, der
alle Jubelnden mitreißt. Unter den immer brausenderen
»Orest!«-Rufen zieht eine Schar freudiger Menschen durch die
Höfe, sich umarmend, singend, als wären plötzlich Fesseln zer-
sprungen, die sie alle gefangen hielten. Niemand beachtet Elektra, die lange stumm auf der Schwelle verweilt. Hört sie das
Brausen, die Rufe, die ekstatischen Schreie?*

Elektra (reckt sich auf):
Agamemnon hört dich!

(Noch einmal erscheint Aegisths Gesicht am Fenster.)

Aegisth:
Weh mir!

(Er wird fortgerissen.)

(Elektra steht, furchtbar atmend, gegen das Haus gekehrt. Die Frauen kommen von links herausgelaufen, Chrysothemis unter ihnen. Wie besinnungslos laufen sie gegen die Hoftür, dort machen sie plötzlich halt, wenden sich.)

Chrysothemis:
Elektra, Schwester! Komm mit uns! O komm mit uns! Es ist der Bruder drin im Haus! es ist Orest, der es getan hat!

Stimmen hinter der Szene:
Orest! Orest!

(Getümmel im Hause, Stimmengewirr, aus dem sich ab und zu die Rufe des Chors »Orest« bestimmter abheben.)

Chrysothemis:
Komm! Er steht im Vorsaal, alle sind um ihn und küssen seine Füße.

Endlich nähert sich ihr die Schwester. Immer eindringlicher spricht sie zu der Geistesabwesenden: Hört Elektra denn den Jubel nicht, der das kurze Kampfgetöse übertönt hat, die brausende Musik, die von überall her zu dringen scheint, betäubend durch die Luft schwingt?

Und ein sehr großer Dichter gibt Elektra ihre letzten, hymnischen Worte ein, welche dieses Werk, das mehr als anderthalb Stunden lang in der höchsten Sphäre menschlicher Ekstase von Höhepunkt zu Höhepunkt raste, dem erlösenden Ende zuführen. »Ob ich die Musik nicht höre?«, fragt Elektra mit verklärtem Antlitz. Und antwortet selbst, mit dem schönsten Satz der Verklärung:

(Fortsetzung des Notenbeispiels S. 126)

Das Kampfgetöse, der tödliche Kampf zwischen den zu Orest
haltenden Sklaven und den Angehörigen des Aegisth, hat sich
allmählich in die innern Höfe gezogen, mit denen die Hoftür
rechts kommuniziert.

Alle, die Aegisth von Herzen haßten, haben sich geworfen auf die andern, überall, in allen Höfen, liegen Tote, alle, die leben, sind mit Blut bespritzt und haben selbst Wunden, und doch strahlen Alle, Alle umarmen sich und jauchzen. Tausend Fackeln –

(Draußen wachsender Lärm, der sich jedoch, wenn Elektra
beginnt, mehr und mehr nach den äußeren Höfen rechts und im
Hintergrund verzogen hat. Die Frauen sind hinausgelaufen,
Chrysothemis allein, von draußen fällt Licht herein.)
sind angezündet. Hörst du nicht? So hörst du denn nicht?

Elektra (auf der Schwelle kauernd):
Ob ich nicht höre? Ob ich die Musik nicht höre?

125

(31)

Der Gesang der Schwester begleitet den ihren, umschlingt ihn, musikalisch herrlich, ein unabsehbarer, breiter Strom von Klängen fließt dahin, gewaltig vom Orchester getragen. Ist es ketzerisch zu fragen, ob der Gesang der Chrysothemis hier nicht vielleicht besser weggeblieben wäre? Die Oper mag durch ihn gewinnen, das Drama nicht.

126

Sie kommt doch aus mir. Die Tausende, die Fackeln tragen und deren Tritte, deren uferlose Myriaden Tritte überall die Erde dumpf dröhnen machen, alle warten auf mich: ich weiß doch, daß sie alle warten, weil ich den Reigen führen muß. Und ich kann nicht, der Ozean, der ungeheure, der zwanzigfache Ozean begräbt mir jedes Glied mit seiner Wucht, ich kann mich nicht heben!

Chrysothemis (fast schreiend vor Erregung):
Hörst du denn nicht? Sie tragen ihn, sie tragen ihn auf ihren Händen!

Elektra (springt auf, vor sich hin, ohne auf Chrysothemis zu achten):
Wir sind bei den Göttern, wir Vollbringenden.

(begeistert)
Sie fahren dahin wie die Schärfe des Schwerts durch uns, die Götter, aber ihre Herrlichkeit ist nicht zuviel für uns!

Chrysothemis:
Allen sind die Gesichter verwandelt. Allen schimmern die Augen und die alten Wangen vor Tränen! Alle weinen. Hörst du's nicht?

Und niemand anderer kann, darf den folgenden ungeheuren Tanz anführen als Elektra. Großartige Worte legt der Dichter ihr nun in den Mund, von allen Apotheosen, deren begnadete Opern fähig sind (Don Giovannis Sterbeszene, Fidelio-Schluß, Isoldes Liebestod, Brünnhildes Schlußgesang, Aidas und Radames' Abschiedsgesang von der Welt, Otellos Tod, Mimis sanftes Entschlummern, die letzten Minuten des Andrea Chenier und noch mancher anderen, gegenwärtigen oder vergessenen Oper) gehört dieses hymnische Ende zu den eindrucksvollsten. Es lohnt sich, Elektras Worte aufmerksam zu lesen: »... Ich habe Finsternis gesät und ernte Lust über Lust ... Ich war ein schwarzer Leichnam unter Lebenden, und diese Stunde bin ich das Feuer des Lebens und meine Flamme verbrennt die Finsternis der Welt ...«

Elektra:

Ich habe Finsternis gesät und ernte Lust über Lust.

Chrysothemis:

Gut sind die Götter, gut!

Elektra:

Ich war ein schwarzer Leichnam unter Lebenden, und diese Stunde bin ich das Feuer des Lebens und meine Flamme verbrennt die Finsternis der Welt.

Chrysothemis:

Es fängt ein Leben für dich und mich und alle Menschen an. Die überschwänglich guten Götter sind's, die das gegeben haben.

Elektra:

Mein Gesicht muß weißer sein als das weißglüh'nde Gesicht des Monds.

Chrysothemis:

Wer hat uns je geliebt?

Elektra:

Wenn einer auf mich sieht, muß er den Tod empfangen oder muß vergehn vor Lust.

Chrysothemis:

Wer hat uns je geliebt?

Die Siegesfeier beginnt, von der, beinahe ein Leben lang, Elektra geträumt hat. Es ist ihre Siegesfeier, im tiefsten Sinne die ihre ganz allein. Tanz und Hymne zugleich, die den nächtlichen Himmel über Mykene heller erleuchten als alle Fackeln ringsum:

(32)

Elektra:

Seht ihr denn mein Gesicht? Seht ihr das Licht, das von mir ausgeht?

Chrysothemis:

Nun ist der Bruder da und Liebe fließt über uns wie Öl und
Myrrhen. Liebe ist Alles! Wer kann leben ohne Liebe?

Elektra

Ai! *(feurig)* Liebe tötet, aber keiner fährt dahin und hat die Liebe
nicht gekannt!

(Chrysothemis läuft hinaus.)

Chrysothemis:

Elektra, ich muß bei meinem Bruder stehn!

*(Elektra schreitet von der Schwelle herunter. Sie hat den Kopf
zurückgeworfen wie eine Mänade. Sie wirft das Knie, sie reckt
die Arme aus: es ist ein namenloser Tanz, in welchem sie nach
vorwärts schreitet.)*

*Chrysothemis (erscheint wieder an der Tür, hinter ihr Fackeln,
Gedräng, Gesichter von Männern und Frauen):*

Elektra!

Der Schluß gehört nur Elektra allein. Ihr Tanz steht auf weitem Raum: Alle haben sich an den Rand der Bühne zurückgezogen, blicken wie gebannt auf Elektras höchste Ekstase. Es ist ein Triumphtanz, ein Triumphgesang –, aber es ist viel mehr als das: es ist die Zusammenraffung eines Lebens im Augenblick des seligen Todes. Denn nicht anders kann er enden, dieser Tanz, dieser Hymnus, als im blitzartigen Zusammenstürzen Elektras, ihr jubelndster Schritt ist ihr letzter.

Seltsamerweise endet die Oper nicht hier. Chrysothemis' Stimme wird noch einmal laut: sie ruft schallend über den Platz nach dem Bruder. Soll er zu Hilfe kommen, wo nichts mehr zu helfen ist? Wie anders sollte Elektras Leben enden als so? Sterben im höchsten Augenblick des Lebens: Wenigen ist es vergönnt.

Doch vielleicht ist dieser Schluß keine Abschwächung, wie man zuerst befürchten mag. Sicher ist er wohlbedacht. Das Leben ruft nach dem Leben ...
Von den fünf handelnden Personen (Klytämnestra, Elektra, Chrysothemis, Orest, Aegisth) sind drei tot. Das Leben geht weiter, immer weiter. Orest wird König von Mykene, er wird seiner liebessehnsüchtigen Schwester einen Gatten geben, wie sie es erträumt. Er selbst wird eine Gattin nehmen, das Atridenhaus kann noch lange blühen und gedeihen. Und vielleicht manchmal jener seltsamen Ahne gedenken, die Elektra hieß ...

Elektra (bleibt stehen, sieht starr auf sie hin):
Schweig und tanze! Alle müssen herbei! Hier schließt euch an!
Ich trage die Last des Glückes, und ich tanze vor euch her.
Wer glücklich ist wie wir, dem ziemt nur eins: schweigen und
tanzen …

(Sie tut noch einige Schritte des angespanntesten Triumphes.)

(Elektra stürzt zusammen.)

(Chrysothemis zu ihr. Elektra liegt starr.)

Chrysothemis (läuft an die Tür des Hauses, schlägt daran):
Orest! Orest!

ENDE

Von »Salome« zu »Elektra«

Nach dem beinahe unfaßbaren Triumph seiner Oper »Salome« –
Dresden, 1905 – suchte *Richard Strauss* fieberhaft nach einem
neuen dramatischen Stoff. Wie eine Maschine im vollen Lauf
nicht schnell zum Stillstand gebracht werden kann und soll, so
befindet sich das Innere einer schöpferischen Natur noch lange
nach der Geburt eines neuen Werkes in kreativem Schwung, in
mitgerissener Begeisterung und verlangt fast manisch nach
neuer Betätigung. Doch diese zu finden, so daß sie einem
zumindest ebenbürtigen Ziel zusteuern kann, andererseits aber
keine Wiederholung des soeben Geschaffenen darstellt, gehört
zu den schwierigsten Aufgaben des strebenden Künstlers, der
sein Leben und seine Schöpferkraft als Verpflichtung empfindet,
der zu entweichen, zu entfliehen er kein Recht besitzt.
Zu den »Sinfonischen Gedichten« zurückzukehren verspürte
Richard Strauss nun keine Lust mehr. »Don Juan«, »Till Eulen-
spiegel«, »Tod und Verklärung«, »Also sprach Zarathustra«,
»Don Quixote«, »Ein Heldenleben« gingen, unterschiedlich
rasch, verschieden erfolgreich durch die Welt. Als Dirigent
gehörte er zu den führenden seiner Zeit; von *Wagner* stark beein-
flußte erste Bühnenversuche lagen endgültig hinter ihm.
»Salome«, auf den großartigen Text des genialen Iren *Oscar
Wilde* (in der deutschen Übersetzung von *Hedwig Lachmann*)
hatte genau an jenen Nerv gerührt, der, längst geahnt und gelegentlich auch in der Sinfonik schon tastend ausprobiert, stärkste
Kräfte in ihm freisetzen sollte. Elementare Tragik bis zu apoka-
lyptischen Ausbrüchen, Nervöses bis ins Labyrinth der Hysterie,
Krankhaftes bis zur Selbstzerfleischung, doch stets unmittelbar
hinübergleitend in empfindsamste Lyrik voll unaussprechlicher
Sehnsucht und Wehmut: Dieses seltsame Gemisch brodelte in
seiner Seele –, lange verschlossen, so daß wohl niemand davon
auch nur das Geringste hatte ahnen können. Um so weniger, als
physische Persönlichkeit und alltäglicher Umgang mit dem ein
wenig derben, praktisch veranlagten, unsentimentalen Baju-
waren aus redlichem Bürgerhaus – mit einem allerdings feinfüh-
lig künstlerischen Musiker-Vater – niemals auf solche Exzesse
in tiefverborgener Kreativkraft hätten hindeuten können. Wer es

unternommen hätte, beim Anblick des hochgewachsenen, kraftvollen Münchners auf seine seelischen Qualitäten schließen zu wollen, hätte sich wohl rettungslos blamiert.

Da aber auch ein Schalk in ihm lebte – der sich nicht selten in kleinen Ironien, witzigen Aperçus, launigen Dialogen mit Musikerkollegen äußerte – zog es ihn immer wieder im Laufe seines langen Lebens vom Tragischen zum Komischen, vom Drama zum Lustspiel, von »Macbeth« zur »Burleske«, von der tiefsinnigen Komponistenszene zum Komikerensemble in »Ariadne auf Naxos«, von der melancholischen »Arabella« zur heiteren »Die schweigsame Frau«. Er durchforschte auf seiner intensiven Themensuche für die Nachfolge der purpurglühenden, orientalisch-orgiastischen »Salome« alle nur denkbaren Gebiete. Er fand nichts, was ihn mitgerissen hätte.

Und gerade das wollte er, mußte er haben, damit es wieder ein ähnlicher Erfolg würde wie das vorangegangene Bühnenwerk, das rasend schnell Städte und Länder eroberte, umkämpft wurde wie wenige in der Geschichte der streitbarsten aller Musikgattungen, der Oper. Ein Freund machte ihn aufmerksam: In Berlin, wo er nun zumeist tätig war, spielte der genialste Theatermann seiner Epoche, *Max Reinhardt*, das Griechendrama eines jungen, sensationell aufstrebenden Wiener Dichters: *Hugo von Hofmannsthal*. *Strauss* ging, einem unerklärlichen inneren Drang folgend, sofort ins Theater. Griechenland –, das war stets seine Sehnsucht. Das ungeheure Geschehen, das sich in ferner Vorzeit in der mittelmeerischen Welt abgespielt haben mußte, ging ihm nahe, erregte ihn. Und: *Hofmannsthal?* Ein schmächtiger, überaus feiner junger Mann fiel ihm ein, der ihn, vor Jahren, bei einem Konzert in Paris angesprochen hatte. Er hatte in der letzten Zeit immer mehr und immer Lobenderes über ihn gehört. Anscheinend handelte es sich um eines der auffälligsten Talente der deutschsprachigen Dichterszene, mit jenem wienerischen Unterton, dem er sich als Bayer verwandter fühlte als den Poeten aus den nördlichen Breiten.

Als *Strauss* die Bearbeitung des Atridendramas durch *Hofmannsthal* gesehen und gehört hatte, waren alle Zweifel über die »nächste Oper« zerstoben. »Elektra« mußte es sein. »Gehört« – das war fast wichtiger noch als »gesehen«; denn in *Hofmannsthals* Sprache schwang jener herrliche, empfindsame und zugleich mitreißende Ton mit, der Musik nicht nur herausforderte, sondern geradezu in sich barg; nicht irgendeine Musik, sondern eine Musik wie die von *Strauss* es war und sein sollte. Zudem eine Fülle glücklicher Formulierungen, die haften blieben, Bilder hervorriefen in Seele und Phantasie: »Die Hunde auf dem Hof erkennen mich –, und meine Schwester nicht?« »O laß deine Augen mich sehn. Traumbild, mir geschenktes Traumbild vergeh' mir nicht ...«, »die Musik, sie kommt doch aus mir ...«, »Schweig', und tanze«.

Und mächtig strömte die Musik aus der Feder von *Strauss*, aus einem Herzen, in dem sich für lange Monate die Tragödie der Atriden fest eingenistet hatte, jenes epische Geschick, das die Menschen jahrtausendelang aufgewühlt hatte wie wenig anderes, das immer wieder erschütterte und dem Menschen zugleich die Nichtigkeit und die überwältigende Größe einzelner Persönlichkeiten zu erblicken half. *Hofmannsthal* war es, der *Richard Strauss* mehrmals helfen mußte, die Einwände und Bedenken zu zerstreuen, die ihn vor einer zu großen »Ähnlichkeit« der beiden Stoffe zu warnen schienen, der »Salome« und der »Elektra«, vor welcher der Komponist manchmal wieder zurückschreckte. Was war denn so »ähnlich«? Das »Altertum«, die legendär gewordenen Figuren, die aus Büchern stammen, die in ihrer geschichtlichen Aussagekraft immer wieder bezweifelt werden, die griechischen Klassiker und die Bibel? Daß hier Gefühle des Menschen, der Geschlechtstrieb und der Rachedurst – vollkommen natürlich und legitim in ihrem Ursprung – durch überhitzte Steigerung in den Rang des Pathologischen, der nicht mehr zurückzudämmenden Leidenschaft erhoben werden, wie der durch Unwetter aufgerührte Wildbach, der Dämme und Fluren mit sich reißt, gleich dem durch kosmische Kräfte losgerissenen Kometen, der die Grundfeste der Planeten zu erschüttern imstande ist? Salome und Elektra weisen kaum einen verwandten Wesenszug auf, außer dem der Leidenschaft, des »Aus-sich-Heraustretens« das nur wenigen gezählten Menschen in nur wenigen gezählten Situationen beschieden sein kann und »Schicksal« wird, unberechenbar rückhaltlos, überlebensgroß. Daß je ein schicksalhafter Tanz an entscheidender Stelle steht, mag einem oberflächlichen Betrachter als »verwandtes« Element erscheinen, aber Salomes Tanz für den Tetrarchen, der das Todesurteil gegen Jochanaan, den Täufer erwirken soll, ist grundlegend ein anderer Vorgang als Elektras Sieges- und Triumphtanz, der zugleich ihr Lebensende bedeutet. Und schließlich sind die aufgeführten Gefühle in den beiden Opern grundverschiedene, die sexuelle Leidenschaft in »Salome«, die hoffnungserfüllte Geschwisterliebe in »Elektra«. Hier gibt es keine Parallele, keine Ähnlichkeit, keine Verwandtschaft. Zwei solche Stücke nacheinander geschaffen zu haben kann nur das Werk eines Giganten sein.

»Elektra« wurde zu einem der allerhöchsten Gipfel dreihundertjähriger Operngeschichte, zu einem Elementarereignis, auf das nur ein Wort angewendet werden kann, das *Richard Wagner* seiner Muse *Mathilde Wesendonk* einmal, so klug erkennend wie ironisch schrieb: »Mein Kind, dieser ›Tristan‹ wird etwas Furchtbares ... nur mittelmäßige Aufführungen können mich retten, ganz vollkommene müssen die Menschen verrückt machen ...« Auch vollkommene Aufführungen der »Elektra« müssen empfindsame Menschen »verrückt« machen, sie alles Irdische für einige Zeit vergessen lassen, tagelang zum Nachsinnen, Nachfühlen veranlassen ... Leider hat die Zahl empfindsamer Menschen im Laufe des Jahrhunderts, an dessen Beginn die »Elektra« von *Sophokles-Hofmannsthal-Richard Strauss* steht, in erschreckendem Maße abgenommen. Theaterbesucher rascheln während des Todestanzes der Elektra mit Bonbontüten, Zuhörer klappern Minuten vor dem erschütternden Schluß bereits mit den Autoschlüsseln, ungezählte Menschen denken bereits an das Abendessen, das diesem Theaterbesuch folgen wird, wobei es ziemlich gleichgültig ist, ob »Götterdämmerung«, »Othello«, »Der Wildschütz« oder »Die Fledermaus« gespielt werden.

Der Stoff

Agamemnon war einer der mächtigsten Könige im vorchrist-
lichen Griechenland. Er herrschte über Mykene, ein prächtiges
Schloß und eine weite Landschaft im Norden der Halbinsel, die
wir »Peloponnes« nennen. Zumindest zeitweise scheint ihm
auch die Landschaft Argos untertan gewesen zu sein, vielleicht
sogar Lakedämonien. Er scheint eine Art Oberhaupt der zahlreichen Fürsten gewesen zu sein, die damals das heutige Griechenland, zahlreiche Inseln und weitere Gebiete rundum regierten.
Sein Bruder Menelaos regierte im südlicheren Sparta an der
Seite seiner legendären »schönsten Frau der Welt«, Helena.
Jacques Offenbach, Operettenkomponist und Beherrscher der
französischen Unterhaltungsmusik, hat sich über ihn weidlich
und schonungslos lustig gemacht: Wer den Schaden hat, braucht
für den Spott nicht mehr zu sorgen. Als der Trojanerfürst Paris
die »schöne Helena« entführte (weil sie ihm von der Göttin
Aphrodite versprochen war), rief Agamemnon die Griechen zu
den Waffen, zum »Kreuzzug« nach Kleinasien, um das frech
gewordene Troja zu bestrafen. Flotte und starke Heerverbände
sammelten sich im Hafen von Aulis. Doch die Abfahrt verzö-
gerte sich, zog sich lang und länger hinaus: Die Göttin Artemis
zürnte dem Anführer Agamemnon und verweigerte den Griechen die günstigen Winde, die sie nach Kleinasien hätten treiben
können.
Da in der Oper »Elektra« Agamemnon eine gewaltige Rolle
spielt (obwohl er längst tot ist), ja in tiefstem Sinn zur Haupt-
gestalt wird, sei er hier kurz geschildert: Was die Sage über ihn
berichtet, weicht in beträchtlichem Maße von der Darstellung
ab, die besonders *Hugo von Hofmannsthal* in seinem großartigen Libretto für die Oper von *Richard Strauss* von dem »König
von Mykene« und »Helden von Troja« gibt. Er baut seine »Elektra« auf der bedingungslosen Liebe und Verehrung auf, die seine
Tochter dem Andenken des ermordeten Vaters weiht. Für sie
war es ein Meuchelmord, der hier begangen wurde, für den es
keinerlei Milderungsgründe, keine andere Motivierung gab als
die niedersten Gefühle. Die Sage aber berichtet von Ereignissen,

die zumindest ein modernes Gericht bei der Beurteilung eines solchen Falles sehr wohl in Betracht ziehen müßte.

Als die Griechen ihre Heere in Aulis zusammenzogen, beging der Oberbefehlshaber Agamemnon einen »Frevel« oder zumindest eine grobe Unvorsichtigkeit gegenüber der Göttin Artemis: Er tötete auf der Jagd in deren heiligem Hain ein ihr besonders liebes Edeltier. Die schwergekränkte Göttin – aus Tierliebe oder dadurch beleidigt, daß Agamemnon sich als der »bessere Jäger« brüstete? – verweigerte den Griechen die guten Seewinde, die sie nach Troja führen könnten. Anstatt die Privatfehde mit Agamemnon auszutragen, fügt Artemis einer stolzen Kriegsmacht gewaltige Verluste an Prestige und Geld zu. Der »Seher« Kalchas – ein nicht weniger intolerantes Ebenbild der altjüdischen Propheten – erklärte den Willen der Göttin: Agamemnon müsse zu deren Besänftigung seine Tochter Iphigenie »opfern«, also öffentlich töten. Und Agamemnon gehorchte: Er ließ die Tochter schleunigst aus Mykene herbeischaffen – einige Versionen des Mythos wissen sogar, daß er sie gemeinsam mit ihrer Mutter Klytämnestra reisen ließ. Auf jeden Fall hatte er der Mutter die Mär aufgetischt, man wolle in Aulis die Tochter mit dem prächtigen Helden Achilles vermählen. Daß Artemis, anscheinend im allerletzten Augenblick, die mordende (oder »opfernde«) Hand Agamemnons eine Hirschkuh treffen ließ statt die auf dem Opferblock liegende Iphigenie (die von der Göttin nach Tauris entrückt wird), ist eine andere Sache, die kaum zur Entlastung des Feldherrn dienen kann. Dessen angestrebte Tat blieb im Bewußtsein der Gattin und Mutter unauslöschlich eingegraben, als rasch die Winde zu drehen begannen und die prächtige Flotte mit dem stolzen Anführer davonsegelte und den Blicken der Zurückgebliebenen am Ufer entschwand.

Klytämnestra hatte zehn Jahre Zeit, den Groll gegen den Gatten zu nähren. So lange währte der Kampf um Troja, aus dem zahlreiche Einzelheiten überliefert wurden und der schließlich, wie bekannt, nur durch eine List zugunsten der Griechen entschieden werden konnte. Wie die Griechen sich nach dem Fall der Stadt als Sieger benahmen, gehört nicht in dieses Buch. Es war einfach so die »Regel« und durchaus »übliche« Grausamkeit in jenen Zeiten (leider mit Nachahmungen in der unseren); einige Opern haben die tragischen Episoden geschildert, zuletzt *Aribert*

Reimanns »Troades« (nach den »Troerinnen« des *Euripides*). Die griechischen Sieger rächten den seinerzeitigen Frauenraub des Paris – für den dieser übrigens eine durchaus annehmbare Veranlassung durch die Götter gehabt haben soll – durch Entführung trojanischer Frauen aus Heim und Vaterland. Agamemnon nahm die wahrscheinlich interessanteste Frau von ihnen mit sich, die Seherin Kassandra (die den Fall Trojas rechtzeitig warnend voausgesagt hatte, aber nicht gehört wurde) – doch sicherlich nicht zum »Sehen«. Klytämnestra, dem Helden ohnedies und nicht grundlos gram, war zweifellos über dieses »trojanische Andenken« keineswegs erfreut, so anders damals auch die Bräuche gewesen sein mögen. Auch ihr Gewissen war keineswegs rein, denn in der zehnjährigen Abwesenheit des Gatten hatte sie sich mit dessen Cousin Aegisth eingehend getröstet, und mit seiner Hilfe brachte sie den Heimkehrer um. Einzelne Versionen über den Hergang der Tat sollen hier unberücksichtigt bleiben, genau wie jene, die sich auf die Blutrache des Orest beziehen, der, erwachsen geworden, aus der Fremde zurückkehrt, in die er von seiner Mutter – aus Angst vor eben dieser Rache – oder von seiner vorausblickenden Schwester Elektra geschickt worden war, um im gegebenen Zeitpunkt die Rache vollziehen zu können, für die sie sich allein zu schwach fühlte. Der Mord an Agamemnon soll im Bad geschehen sein, im wohligen, entspannenden Bad, in das der Held von Troja nach seiner mühsamen Heimkehr gestiegen sein soll. »Mit Netz und Beil«, wie es heißt. *Hofmannsthal* läßt dieses Beil in seinem Drama eine bedeutende Rolle spielen: Elektra hebt es auf, vergräbt es an einem stillen Ort des Hofes, um es eines fernen, fernen Tages dem rächenden Bruder in die Hand drücken zu können. Aber in der erschütternden Bewegung über dessen so unerwartete wie ersehnte Heimkehr vergißt sie es. Doch Orest, jung und stark, bedarf seiner nicht, um die zweifache Tat zu begehen, die, dem Zuschauer unsichtbar, im Palast erfolgt. Zuerst (wie Hofmannsthal es schildert) die Tötung Klytämnestras, hernach die am heimkehrenden Aegisth. »Triff noch einmal!« schreit Elektra in höchster Ekstase dem Bruder zu, und dieser grausame Satz stammt wörtlich von Sophokles. Das Drama im Hause der Atriden – Atreus war der Stammvater dieser wahrhaft verhängnisvoll tragisch verstrickten Familie – hat nach dem Muttermord nur ein vorläufiges Ende. Die Götter haben Orest noch einen weiten Weg bestimmt: von den Erinnyen (Rachegöttinnen) gehetzt, wird er nach Tauris geschickt, um durch den Raub eines Kultbildes der Artemis entsühnt zu werden. Dort findet er seine Schwester Iphigenie wieder und kommt schließlich auf den Thron seines Vaters als König von Mykene, zudem von Argos und Sparta.

Was nun »wahr« ist an dieser mythisch verschlungenen Geschichte, obliegt nicht uns zu entscheiden. Aber die Gestalt der Elektra (Homer kennt sie nicht!) ist von den drei größten griechischen Tragikern (Aischylos, Sophokles und Euripides) in allerdings unterschiedlicher Weise behandelt worden und seit mehr als 2000 Jahren Sujet im Kulturgut des Abendlandes.

Die vielfachen Taten und Ereignisse jenes antiken Mythos haben – Dichtung oder Wahrheit – durch die Jahrtausende Poeten, Dramatiker, Maler, Musiker des Abendlandes angeregt. Zu deren Hunderten von Werken gehört an hervorragender Stelle die Oper aus dem beginnenden 20. Jahrhundert, der dieses Buch gewidmet ist.

Heutiger Anblick von Mykene (nahe dem Kanal von Korinth), mächtiges Königreich vor 3000 bis 3500 Jahren. Sein König Agamemnon führt

die Griechen im Kampf um Troja an und wurde nach seiner Heimkehr von seiner Gattin und deren Geliebten ermordet.

Kurze Inhaltsangabe

In einem düsteren Winkel des Hofes im weiten Königspalast des griechischen Mykene hat Elektra das Beil vergraben, mit dem einst ihr Vater Agamemnon bei der siegreichen Heimkehr aus dem Trojanischen Krieg von seiner Gattin Klytämnestra und ihrem Geliebten Aegisth ermordet worden war. Ihr einziger Lebenszweck ist die Rache. Diesen Gedanken nährt die völlig Heruntergekommene bei Tag und Nacht. Sie verläßt kaum je diesen dunklen Winkel, wird von den Bediensteten verspottet und verachtet, nur von wenigen bemitleidet oder gar geliebt. Wieder sind die Mädchen am Abend von den Feldern, vom Brunnen her an ihr vorübergegangen mit den täglichen Beschimpfungen. Nur eine einzige sucht sie zu verteidigen, Mitleid mit ihr zu erregen. Sie wird von den anderen und der Aufseherin gnadenlos geschlagen.

Alleingeblieben, zelebriert Elektra ihre tägliche Feierstunde: Sie ruft das Gedächtnis an ihren Vater in ihr Bewußtsein, hält Zwiesprache mit ihm: – einer der großen Monologe der Operngeschichte. Ihre Schwester Chrysothemis kommt aus dem Palast. Sie, die jüngere, lebenshungrige, die dem Kerker dieses Hauses entfliehen möchte, wo nur die schweigsame Rebellion ihrer Schwester alle Bewohner eingeschlossen hält. Sie stößt bei Elektra auf eiskalte Ablehnung. Tumult wird hörbar, Schritte, Laufen, dann Fackeln: Klytämnestra, seit dem Morde an ihrem Gatten nun die Alleinherrscherin tritt in die Tür des Hauses, die zum Hof offensteht. Sie ist eine noch nicht alte, aber völlig verwüstete Frau, deren Tage von Schreckvisionen, deren Nächte von Alpträumen erfüllt sind, denen sie mit Hilfe hunderter von Steinen und Zauberschmuck zu entfliehen trachtet, ohne es aber zu können. Es kommt zu einem der ganz seltenen Zwiegespräche zwischen den einander hassenden Frauen, Mutter und Tochter. Die Mutter fragt ihre kluge Tochter nach einem Heilmittel, nach Opfern, die zu ihrer Gesundung dargebracht werden könnten. Elektra deutet deren Existenz an, verweist aber auf das einzig mögliche Opfer: Klytämnestra selbst, die Mörderin. Das großartige Duett nimmt, durch die grauenvoll durchscheinende Angst der Königin und die zynisch überlegene Art Elektras eine zum Zerreißen gespannte Stimmung an. Eine Vertraute kommt und flüstert der Herrin etwas ins Ohr. Deren Haltung wandelt sich; im Triumph weist sie die Angriffe der Tochter zurück, richtet sich als Siegerin hoch auf: Man hat ihr den Tod ihres Sohnes Orest gemeldet, der seit langem weit weg und sich seiner Herkunft unbewußt in der Fremde lebte. Elektra versteht den plötzlichen Umschwung nicht, ahnt aber Böses.

Chrysothemis kommt abermals in Elektras düsteren Winkel, teilt ihr die unerwartete Nachricht mit: der Bruder sei tot, von seinen eigenen Pferden zu Tode geschleift. Elektra schreit auf wie ein wundes Tier: »Es ist nicht wahr!« Aber dann beginnt ihr Gehirn fieberhaft zu arbeiten. Wenn nun der ersehnte Rächer, der Bruder Orest, nie wieder heimkäme, dann müßten die beiden Frauen, die Schwester und sie, die grauenhafte Tat vollbringen: die Mutter und deren längst zu ihrem Gatten gewordenen Geliebten ermorden. Doch Chrysothemis schreckt vor einem solchen Gedanken zurück, flieht schließlich vor der sie innig um Beistand beim Mord anflehenden Schwester. Nun weiß Elektra, daß sie allein handeln müsse, und beginnt, nach dem Beil zu graben.

Da fällt durch das seitliche Hoftor ein letzter Sonnenstrahl in den schon nächtlich dämmernden Hof und beleuchtet eine hohe Männergestalt, deren Schatten bis zu Elektra fällt. Sie schreckt auf, fürchtet sich. Die wunderbare Erkennungsszene beginnt: Orest ist heimgekehrt, mit seinem alten Pfleger; sie geben sich als Boten aus, die über Orests angeblichen Tod zu berichten wissen. Orest ist zu Elektra getreten, erkennt sie nicht, befragt sie. Einige Worte verraten sie; entsetzt schreit der Bruder auf: Was haben sie mit diesem einst schönen, frohen Geschöpf gemacht? Dann ist Elektra an der Reihe, den fremden Unglücksboten zu identifizieren. Er gibt sich sanft zu erkennen, ein ungeahntes Glück durchströmt die arme, verachtete, gefürchtete Außenseiterin. Die Geschwister, neu vereint und geeint in ihrem einzigen Ziel, der Rache an den Mördern, verbringen einige Augenblicke tiefster Empfindungen.

Dann soll Orests Werk beginnen. Er wird zur Königin gerufen, die Genaueres über den Tod des fernen, in Gedanken stets gefürchteten Kindes wissen will. Orest ermordet die gräßlich schreiende Mutter. Elektra lauscht in unheimlicher Spannung draußen auf dem Hof, begleitet die unsichtbare Tat mit ihren wild aufgepeitschten Wünschen. Sie läuft dem von den Feldern heimkehrenden Aegisth entgegen, dem verachteten Stiefvater, der sich über den offenkundigen Umschwung in Elektras Betragen wundert, sie leuchtet ihm bei seinem Gang über den Hof mit einer Fackel. Er betritt den Palast, und Augenblicke später wird

Birgit Nilsson (Elektra) und Leonie Rysanek (Chrysothemis) in einer Inszenierung der »Elektra« in der Pariser Oper.

auch sein Hilferuf hörbar. Der verhallt ungehört. Aegisth stirbt
hinter den Mauern, wie kurz zuvor die Königin. Das Werk ist
vollbracht, das Elektras einzigen Lebenssinn ausgemacht hatte.

Jubel im Palast, Fackeln, Rufe nach Elektra. Doch die beginnt,
weltentrückt und ekstatisch, den Triumphtanz, auf dessen Höhepunkt sie tot zusammenbricht.

Der Textdichter

Die *von Hofmannsthals* waren kein altes österreichisches Adelsgeschlecht. Aber sie waren, gemeinsam mit einer keineswegs geringen Anzahl ähnlicher Familien, zu einem der Grundpfeiler der Donaumonarchie geworden, die mit ihren großen Herrschern von *Maria Theresia* bis zu *Franz Joseph I.* das Herzstück des hundertfältigen Europa, den strahlenden Mittelpunkt des »Abendlandes« in den Rang einer Weltmacht emporgehoben hatten. »Uradel« starb langsam aus – wie jener, der den eben in Wien angekommenen *Beethoven* in seinen Palästen glänzen gesehen hatte, die *Liechtenstein*, *Schwarzenberg*, *Kinsky* und ein Dutzend andere –, die »neue Zeit« beschränkte in natürlicher Weise die Geburtenzahl, »Mesalliancen« kamen immer häufiger vor und kosteten den Namen und die Einkünfte, die anderweit und mit einer anderen Art von Glück kompensiert wurden. »Der Kaiser«, die unbestritten höchste Autorität des Reiches, mußte immer wieder neuen Adel schaffen, und gerade die »Gründerzeit« zu Ende des 19. Jahrhunderts zeigte sich hier großzügig und modernen Gedanken aufgeschlossen. Nicht nur die alten und »heldenhaft« bewährten Geschlechter wurden »blaublütig« gemacht, die manchmal schon lange an der ersehnten Pforte geharrt hatten; die Adelsverleihungen wurden, ohne großes Aufsehen, weiter gestreut: Neben den Sieger einer bedeutenden Schlacht konnte ein viel kleinerer »Feldherr« treten –, einer, der vielleicht im riesigen Bereich der staatstragenden neunzehn Völker eine neue, Wohlstand erzeugende Industrie geschaffen hatte. *Franz Joseph*, dem oft Engstirnigkeit und Fortschrittsfeindlichkeit nachgesagt wird, zeigte sich so manches Mal überraschend »modern«, wußte Verdienste anzuerkennen, die früher »an höchster Stelle« manchmal unbeachtet geblieben waren. Er muß sehr genau gefühlt haben, daß sein Land und er an der Schwelle eines neuen Zeitalters standen, in dem Verdienste um die Zukunft mit anderen Maßen belohnt werden mußten. Da konnte es sehr wohl geschehen, daß in den »neuen« Adel Bürger aufgenommen wurden, die sich auf ganz anderen Gebieten als dem Militär und der katholischen Staatsreligion hervorgetan hatten: Warum sollten die *Rothschilds*, die *Pereiras* nicht Barone werden, hatten nicht sie dem Kaiserhaus mehr als einmal die unbedingt notwendigen Mittel in die Hand gespielt, die für höchst dringende Aktionen über Nacht herbeigeschafft werden mußten? Eine neue Zeit war angebrochen: Der Hofbankier war auf seinem Posten der Monarchie ebenso lebensnotwendig wie der Feldmarschall auf dem seinen. Je »moderner« die Zeiten wurden, desto stärker verschob sich das Gewicht sogar auf die Seite des Bankiers, der den Unternehmungsgeist des Landes anzutreiben wußte. Die »Neue Zeit« war: Welthandel, Ausbeutung von »Kolonien«, Errichtung von Großindustrien, Bau einer Flotte zum Gütertransport, Durchstich von Kanälen quer durch ganze Kontinente, um schneller und wirksamer an die Reichtümer der Welt heranzukommen. Wer da an vorderster Front mittätig oder gar mit eigenen Ideen und Wirksamkeiten führend tätig war, konnte sich sehr gut das Wohlwollen des Kaisers erringen.

Mancher jüdische Unternehmer, den die großzügig gewordene Gesetzgebung gegenüber seiner Glaubensgemeinschaft in die Lage versetzt hatte, seine Pläne, Gedanken, Ideen verwirklichen zu können, nützte solche Chancen mit Erfindungsgeist und Zähigkeit. Man hatte den Juden in der Donaumonarchie »Freizügigkeit« gewährt, bannte sie nicht mehr in mittelalterliche Gettos, in armselige »Stettel«. Die gewaltige Wanderung der Juden begann; wer irgendwie konnte, strebte aus den zumeist ostwärts gelegenen Siedlungen inmitten einer polnischen, russischen, ukrainischen Umwelt nach Westen, nach Prag, Budapest oder gar nach Wien, den strahlenden Mittelpunkt des Riesenreichs. Die Spaltung der Juden begann, der die Nichtjuden mit gemischten Gefühlen zusahen. Die vorausblickenden Politiker des Reiches, auch sie zumeist weit von echter Sympathie entfernt, förderten die häufig getauften »Assimilanten«, die sich in immer schroffere Gegensätze zu den »Orthodoxen« begaben. Es entstand eine breite mittlere Bürgerschicht Wiens, in der Juden und Christen sich problemlos miteinander vermischten. Der wohlhabende Kaufmann, von dem nur noch hinter der vorgehaltenen Hand geflüstert wurde, er sei eigentlich »mosaisch«, lud zu seinen musikalisch-dichterischen Abenden eine gemischte Gesellschaft ein, in der ein Aristokrat sich mit einem Industriellen unterhielt und die zusammenklingenden Gläser beim Bankett »der Zukunft Österreichs und dem Wohl des Kaisers« galten. Und wer, Christ oder Jude, Sprößling alten Adels oder eben erst Getaufter, hätten einem solchen Toast nicht freudig zugestimmt?

Hugo von Hofmannsthal, von dem dieses Kapitel handeln soll, wurde am 1. Februar 1874 in Wiens Drittem Stadtbezirk geboren, der als Sitz »gutbürgerlicher« Familien den Ruf einer wohlhabenden und ruhigen Wohngegend genoß. Nichts mehr von *Metternichs* einstiger Meinung, hier »beginne der Balkan«, war zu spüren. Balkan: das war ein schlimmes Wort; hier hausten »abenteuerliche« und »halbwilde« Völker, die durch zahllose politische Wirren zu Bewohnern der Donaumonarchie geworden waren, deren Amtssprache sie nicht verstanden, deren Sitten ihnen fremd blieben, zu deren Staatsreligion sie als Mohammedaner keine Beziehung hatten, von deren Bräuchen, Kleidung, Essen, sie sich unverwechselbar unterschieden.

Am Dichter *Hugo Laurenz August von Hofmannsthal*, der uns vor allem als engster Mitarbeiter des Komponisten *Richard Strauss* hier interessiert, war nichts »Balkanisches«. Seine Ahnenreihe war bunt, wie es im Österreich der Gründerjahre durchaus üblich, ja die Regel war. Der Großvater, *Isaak Löw*, stammte aus den »böhmischen Erblanden« und zog in deren Hauptstadt, nach Prag, diese sicherlich in Geschichte und Völkerzusammensetzung fesselndste Stadt des Kaiserreichs: Tschechen, Deutsche und Juden lebten hier jahrzehntelang friedlich mit- und durcheinander. Zur ungewöhnlichen Schönheit dieser Stadt trat ein ebenso ungewöhnlich reiches geistiges Leben, zu dem alle Gruppen beitrugen. Den rührigen Vorfahren trieb es weiter: Wien war sein Ziel, die Reichsmetropole, neben Paris die bedeutendste Weltstadt des Kontinents. Hier hatten die Juden vor einiger Zeit – wie überall in habsburgischen Landen – das Recht auf frei gewählte Wohnsitze erhalten, sie waren aus den engen »Ghettos« herausgetreten und beteiligten sich rege am geradezu sichtbaren wirtschaftlichen Aufschwung. *Isaak Löw* erfand für die aufstrebende Textilbranche mehrere technische Neuerungen, die zahllosen Arbeiterfamilien ein menschenwürdiges Dasein ermöglichten. Mag schon dies dem Kaiser und seinen Ratgebern auszeichnungswürdig erschienen sein, so waren es noch mehr *Löws* Bestrebungen, die mittellosen oder auch wurzellosen Glaubensgenossen der Großstadt dem hier üblichen

Hugo von Hofmannsthal, zwanzig Jahre lang – bis zu seinem Tode
(1929) – der Textdichter von Richard Strauss.

Leben einzugliedern. An die Stelle des Chanukkah-Wunsches: »Nächstes Jahr in Jerusalem!« sollte der Glaube an Österreich, das Bekenntnis zu Wien als ihrem Lebenszentrum, zum Kaiser als ihrem gerechten Herrn treten. Die »Assimilation« war *Löws* eigenster Wunsch, und er fand starkes Echo in wohlhabenderen Kreisen des österreichischen Judentums. Bald war der Graben zwischen den »orthodoxen« Juden und den »assimilierten« tiefer als jener zwischen diesen und der christlichen Umwelt.

Der Großvater des Dichters erhält das Adelsprädikat »Edler von Hofmannsthal«, das erblich sein sollte. Mancher Jude, der bereits zum »gehobenen Bürgertum« gehörte, wurde in ähnlicher Weise »geadelt«. Der Sohn dieses ersten Herrn *von Hofmannsthal – Hugo* genannt – bestimmte seinen Sohn zum Bankbeamten und erlebte noch dessen Aufstieg zum selbständigen »Finanzmann« und seine Heirat mit der Christin *Maria Josefa Fohleutner* im Jahre 1873. Dessen Sohn, ebenfalls *Hugo*, wuchs in christlicher Atmosphäre auf und besuchte die traditionellen Schulen, in denen die »alten Familien« ihren Sprößlingen eine in jeder Beziehung »bodenständige« Erziehung zuteil werden ließen. Es fällt schwer, sich einen »österreichischeren« Dichter vorzustellen, als *Hugo von Hofmannsthal* es werden sollte. In seiner Prosa, ja in seinen Operntexten finden sich nicht selten typisch österreichische oder wienerische Redewendungen. Im übrigen spiegeln sich jene Eigenschaften, welche die damalige Oberschicht der Monarchie auszeichneten: Toleranz, Liberalismus, Großzügigkeit in Denken und Handeln, Weltläufigkeit mit tiefem Verständnis für fremde Kulturen und jenes »Musische«, für das Wien und Österreich langen Zeitraum hindurch weltbekannt waren.

Als Zehnjähriger bezog *Hugo von Hofmannsthal* das »Akademische Gymnasium« in Wien, das sich nicht nur durch seine Pflege der »klassischen« Kultur auszeichnete, sondern auf echte »Bildung« seiner Zöglinge größten Wert legte, wobei Literatur und Musik eine herausragende Stellung einnahmen. Trotzdem – oder vielleicht gerade deswegen – war dem ungehinderten Tätigkeitsdrang nach außen ein wichtiger Riegel vorgeschoben: eigene Schöpfungen zu publizieren oder irgendwie anders in der Öffentlichkeit bekanntzugeben war den Schülern strengstens untersagt. Gerade dieses Verbot traf den jungen Zögling *Hof-*

mannsthal besonders hart. Denn mit wenig mehr als fünfzehn Jahren schrieb er ungewöhnlich gedankenreiche und überraschend formvollendete Gedichte. Das »Schreiben« war damals die große Mode unter den jungen Leuten, sie waren frühreif, empfanden einen unbezähmbaren Drang, mit »der Welt« in Berührung zu kommen, die Geheimnisse des ihnen noch untersagten Lebens zu ergründen. Aufregende Zeiten zweifellos für junge Menschen, die täglich von etwas Neuem erfuhren, das irgendwo aufbrach. Ein jüngerer, stark angefeindeter Arzt, *Sigmund Freud*, hatte die Triebfeder alles Geschehens in der Sexualität erkannt, von der sie selbst die wildesten Ahnungen und Träume hatten, aber noch kaum konkrete Kenntnis. Zur Generation *Hofmannsthals* gehörten junge Dichter unterschiedlichen, aber fast durchweg bedeutenden Talents. Spätere Literaturgeschichten sind mit ihren Namen gefüllt: *Arthur Schnitzler, Stefan Zweig, Hermann Bahr, Anton Wildgans, Richard Beer-Hoffmann, Hermann Broch, Franz Kafka, Max Brod, Felix Salten, Heimito von Doderer* ... und sie alle nur ein Teil der »Weltliteratur«, die mit überwältigenden Schöpfungen von *Rilke, George*, mit Dramen von *Wedekind, Sudermann* und *Hauptmann* stürmisch an die fast klösterlich anmutenden Wände des »Akademischen Gymnasium« pochte.

Den blutjungen *Hofmannsthal* drängt es zur Mitteilung. Wahrscheinlich hat der in Wien eine bedeutende Rolle spielende Dichter *Hermann Bahr* – Gatte der berühmten Hofopernsängerin *Anna Bahr-Mildenburg* – seine wohltätige und schicksalbedeutende Hand im Spiel: *Hofmannsthals* frühe Gedichte finden unter dem Pseudonym *Loris* Aufnahme in wichtigste Presseorgane und Publikationen. *Loris* wird schnell berühmt, bevor noch seine Identität bekannt geworden ist. Mit neunzehn schreibt der inzwischen erkannte und weit über die typischen Wiener Literatencafés populär gewordene Dichter ein frühes Meisterwerk: »Der Tor und der Tod«. Wie ein Vulkan brechen die Einfälle, die glücklichen Formulierungen aus ihm hervor. Die Fülle seiner Werke verbietet, viel Einzelnes hier aufzuzählen, wo es in erster Linie um die epochale Zusammenarbeit mit *Richard Strauss* gehen wird.

Er ist erst 26 Jahre alt, als er diesen größten deutschen Musiker seiner Zeit kennen lernt. Die Begegnung ist kein Zufall. Er selbst hat sie gewollt und herbeigeführt. Sie findet in Paris statt, wo *Strauss* soeben Konzerte dirigiert und in einer Pause den Besuch eines unbekannten, sehr jungen Mannes empfängt, dessen feine Umgangsformen, ehrliche Bewunderung seiner Person und Bescheidenheit dem bayerischen Meister sofort auffallen. Sie sprechen ein paar Minuten Unverbindliches, Höfliches. *Strauss* entnimmt dem Gespräch, daß der junge Mann, Dichter aus Wien, sehr gern mit ihm arbeiten würde. Bevor er sich verabschiedet, überreicht er dem Meister ein Kärtchen: *Hugo von Hofmannsthal* … *Strauss* hat den Namen schon gehört –, lobend, wie man vielleicht den eines kommenden Großen nennt. Aber im Augenblick kann er keine Zusage machen. Seine Lust auf Opern ist nach dem Fehlschlag des sehr wagnerischen Versuchs »Guntram« arg gedämpft, obwohl er bereits an eine zweite Bühnenschöpfung denkt: »Feuersnot«, zu der er den namhaften *Ernst von Wolzogen* als Librettisten herangezogen hat. Ein Ballett? Vielleicht –, *Strauss* liebt diese Kunstart, wahrscheinlich verspricht der junge Wiener einen Entwurf. »Auf Wiedersehen, Meister!« Sie ahnen beide nicht, daß diese kurzen Minuten den Lauf ihrer beider Leben, den Gang der Operngeschichte entscheidend beeinflussen werden.

Der junge Dichter *Hofmannsthal* knüpft zahlreiche Beziehungen an, die literarische Welt fesselt ihn –, und er interessiert sie. Schon 1891 hat er den durchreisenden *Ibsen* aufgesucht, er verkehrt fast freundschaftlich mit *Schnitzler*, zählt auf Schutz und Förderung *Bahrs*. 24 Jahre ist er alt, da wurde in Berlin zum ersten Mal ein Stück von ihm gespielt. Universitätsstudien gehen fast unbemerkt vorbei; was ihn interessiert, sind die bunten Abende im »Griensteidl«, im »Herrenhof«, im »Central« und anderen Wiener Literatencafés, die fast eine Welt für sich im Geistesleben Wiens darstellen. Und er ist dort keineswegs der unbedeutende Heranwachsende, man kennt ihn, schätzt ihn mit ein wenig Neid und viel Bewunderung. Dem Realismus der Nordländer, der Russen, auch der naturalistischen Franzosen steht er fremd, fast ablehnend gegenüber, obwohl er ihre Größe und Bedeutung erkennt. Er neigt eher zum Symbolismus, steht den »modernen« Kunstrichtungen der Sezession und dem Jugendstil eine Zeitlang nahe, sieht sich – neben dem Lyriker – gern als Verfasser von Dramen, von Tragödien, aber sie spielen

oft in Traumwelten, so daß ihre Kraßheit nie die Schärfe *Flau-
berts, Zolas* und schon gar nicht die Grausamkeit *Dostojewskys*
oder *Strindbergs* erreicht. Es entstehen »Die Frau im Fenster«,
»Der weiße Fächer«, »Die Hochzeit der Sobeide«, »Der Kaiser
und die Hexe« und anderes. Mit dem »Kleinen Welttheater«
nähert er sich dem Themenkreis, der ihm in noch weiter Ferne
den »Jedermann« und das »Große Welttheater« bringen, die Verwandtschaft zu fremden Kulturen – so der spanischen – klarle-
gen werden.

Er ist beinahe unheimlich produktiv und macht doch stets den
Eindruck »leichten« Schaffens. Seine elegante Schreibweise, die
nicht das mindeste mit Oberflächlichkeit zu tun hat, sondern
eine angeborene Lebenshaltung darstellt, verrät überaus feines
Formgefühl, Sinn für Dimensionen, viel Takt im doppelten Sinn
des Wortes: der Musik wie der Gesinnung. Dann der große, entscheidende Augenblick. *Hofmannsthal* hat seine Neigung zum
antiken Griechenland immer weiter vertieft, hat des *Sophokles*
blutrünstige »Elektra« psychologisch vertieft und zu einem
genau in die »neue Zeit« passenden Schauspiel umgeformt und
damit Extreme des Gefühls erreicht, die bei ihm vorher kaum
erkennbar geworden waren. In Berlin wird das Stück gespielt,
der junge »Wundermann« des deutschen Theaters, der Österrei-
cher *Max Reinhardt* hat es atemberaubend inszeniert, *Gertrud
Eysoldt*, eine große Tragödin, spielt die unglückliche Atridentochter des Titels, die ihr Leben düster nur in der fast irrsinnigen
Sucht nach der Rache jener Tat verbringt, mit der ihre Mutter
einst, bei seiner Rückkehr aus dem Trojanischen Krieg, ihren
Vater erschlagen hatte. Seltsam: ungefähr drei Jahre war es her,
daß *Strauss* im gleichen Theater der Reichshauptstadt *Oscar
Wildes* »Salome« in höchster Erregung gehört und den Entschluß gefaßt hatte, sie wörtlich, nicht über den Umweg eines
Opernlibrettos, zu vertonen. Es war der gewaltigste Erfolg der
modernen Oper daraus geworden. Und nun ließ sich *Strauss*
wieder von einem zeitgenössischen Theaterstück hinreißen: der
Elektra-Bearbeitung von *Hofmannsthal*. Rasch war der Kontakt
zu *Hofmannsthal* hergestellt. Dem ging sein Königstraum in
Erfüllung: von *Richard Strauss*, dem Gefeierten, Weltberühmten
vertont zu werden, seinen Namen mit dem des größten Meisters
deutscher Musik zu verbinden.

Ungezählte Stunden, Tage, Nächte, Monate, Jahre hat *Hof-mannsthal* von da an »seinem« Meister geweiht, hat ihm ge-dient, seines eigenen Wertes wohlbewußt und doch bereit, sich jederzeit unterzuordnen, so wie es das überaus vielfältige Ver-hältnis zwischen Komponist und Librettist für natürlich, für selbstverständlich annahm. Wie hatte *Mozart* so treffend an sei-nen Vater geschrieben, als er im Mutterland der Musik Opern über Opern hörte? »…im übrigen hat der Text doch immer der Diener der Musik zu sein…« Die Frage nach der Rangordnung wird übrigens kaum je auftauchen in den dreiundzwanzig Jah-ren, die diese »geistige Ehe« währt, wie man sie ohne weiteres nennen kann. Auch unter den geistigen Ehen gibt es gute, erträg-liche und schlechte, obwohl hier das Auseinandergehen leichter fällt als bei leiblichen Verbindungen. Es steht keineswegs von vornherein fest, daß gewisse gleiche Eigenschaften, verwandte Charaktere, Temperamente oder Gesinnungen die Grundlage für eine gute geistige Koexistenz bilden müßten. Oft können gerade Gegensätze der Auffassungen zu dauerhafteren Verbindungen in geistigen Ehen führen, als problem- und diskussionslose Über-einstimmungen. Das Band, das *Hofmannsthal* mit *Strauss* einte, währte wahrhaft bis zur Stunde, da der Tod sie schied: der frühe, völlig überraschende Tod des Dichters, den sein Partner noch um ziemlich genau zwanzig Jahre überlebt.

Sechs Opern und ein Ballett waren diesem Bunde entsprossen. Über die Zusammenarbeit besitzen wir den wertvollen Brief-wechsel, zu dem das räumliche Getrenntsein die beiden Künstler zwang. *Strauss*, seit dem weltweiten Triumph der »Salome« in seiner Prachtvilla von Garmisch in den oberbayerischen Alpen; *Hofmannsthal*, im südlichen, waldreichen Wiener Vorort Rodaun wo er, nach seiner Vermählung mit *Gertrud Schlesinger* ein reizendes kleines Palais bezieht (in der heute recht belebten Ketzergasse), das ihm bis zur Todesstunde am 15. Juli 1929 wahre Heimat, Arbeitsparadies und Stärkung sein wird. Zwi-schen diesen beiden Häusern, aber oft auch aus anderen, zufäl-ligen Reisezielen in manchem Land, gehen Hunderte von Brie-fen an den Partner, eine Pflichtlektüre für den Opernfreund, eine Quelle reichen Wissens für den *Strauss*-Verehrer, eine Fund-grube für den psychologisch interessierten Kunstkenner.

Von der »Elektra«, über die von 1906 bis 1909 korrespondiert wird, geht der Weg rasch, überraschend schnell zum »Rosenkavalier«. Um den Dank der Autoren an *Max Reinhardt*, der diese Dresdener Premiere sozusagen in letzter Stunde rettete, würdig abzustatten, beschließen *Hofmannsthal* und *Strauss*, dem Meisterregisseur ein Werk zu widmen. Kein »gewöhnliches«, versteht sich. Es wird »Ariadne auf Naxos«, eine überaus feinsinnige, geistvolle Komödie sein, dem »breiten Publikum« kaum in ihrer wahren Tiefendimension verständlich und aus zwei völlig verschieden gearteten Elementen kunstvoll zusammengesetzt: einem »Vorspiel« nach *Molière* und einem einzigen operngemäßen Akt wundervoll komödiantischer Art.

Die kleine Schlappe der unverstandenen Premiere ist schnell vergessen; einmal weil Dichter und Musiker sich sofort darüber im klaren sind, dieses Werk durch gründliche Neufassung zu retten, zum andern aber weil beide sich Hals über Kopf in ein gewaltiges Wagnis stürzen: in die Märchenoper »Die Frau ohne Schatten«, aus der sie nicht weniger als eine »moderne Zauberflöte« machen wollen. Dieses Werk wird die längste Entwicklungsgeschichte von allen Opern aufweisen, nirgends ist der Briefwechsel dichter, tiefer und fesselnder als hier. Über ihm geht der Erste Weltkrieg zu Ende. Alt-Österreich ist in Rauch und Flammen aufgegangen, Deutschlands Monarchie versunken, wirre Zeiten überfluten Mitteleuropa, vieles tut den beiden Männern in Garmisch und Rodaun weh. »Die Frau ohne Schatten« wird zur ersten, ganz großen Nachkriegspremiere der Wiener Oper, die nun nicht mehr »k. und k.« ist, sondern die Staatsoper einer klein gewordenen Republik. Für ein paar Jahre rücken die beiden Partner näher: *Strauss* wird Direktor dieser Oper, aber gerade jetzt planen sie kein neues gemeinsames Werk. Wer ihren Werdegang verfolgt hat, zweifelt allen Ernstes an ihrem Weg. Von der ungeheuren Schlagkraft der »Elektra« und der besonnten, glücklich machenden Komödie des »Rosenkavalier« scheint es – zumindest an Wirkung, und darauf scheint es in der Oper ja vor allem anzukommen – immer weiter bergab zu gehen. Zu artifiziell »Ariadne«, zu philosophisch »Die Frau ohne Schatten«…

Die »geistige Ehe« macht keine Krise durch, sie setzt sozusagen für eine kurze Zeit aus. Viele äußere Ereignisse beschäftigen die beiden Männer. Der Gedanke eines Sommer-Festspiels in Salzburg tritt in seine entscheidende Phase. Sowohl *Strauss* wie *Hofmannsthal* gehören den »Gründern« an, dazu *Reinhardt*, *Bahr*, der Wiener Operndirektor *Schalk*. Und *Hofmannsthal* ist es vorbehalten, jenes zentrale Werk zu schaffen, auf dessen festem Grund das weltweit Aufsehen erregende Festspiel für unabsehbare Jahrzehnte wird ruhen können: das Mysterienspiel »Jedermann«, so einfach wie großartig, so populär wie kunstvoll. Die Premiere am 22. August 1920 vor dem Dom in Salzburg wird zum Weltereignis. Hier »zaubert« *Max Reinhardt* in allergrößtem Stil. Das ausgelassene Fest des »reichen Mannes«, urtümliches Barocktheater mit Tänzen und Späßen, der Auftritt des »armen Mannes«, der vergeblich den übermütigen Reichen um Stundung seiner Schulden anfleht, die sinnliche Freude an seiner bildschönen Geliebten, die speichelleckenden Huldigungen einer oberflächlich genießenden Gesellschaft –, und dann der Tod, der auf einmal, nur ihm sichtbar, beim reichen Mann steht und ihm die eisige Faust aufs Herz legt: Das Spiel ist aus, aber nun beginnt es tiefere Dimensionen anzunehmen. Die Mutter, die (wenigen) guten Werke, die sein Schuldkonto nicht wesentlich entlasten können, doch zuletzt trotz allem die göttliche Gnade: großes Theater. Choräle, Orgel aus dem Dom, gespenstische »Jedermann«-Rufe wie aus allen Gassen der Stadt und herab von der weit entfernten alten Festung, das letzte Sonnenlicht auf Minuten berechnet, damit es einfalle in den prachtvollen Hof, einer wahrhaft wundervollen Spielstätte, wie wenige Städte sie zu bieten haben.

Ist die Zusammenarbeit vorüber? Noch kennt ja niemand den Wortlaut des Briefwechsels, der später und immer wieder manche Überraschung bringen wird. Da gesteht einmal *Hofmannsthal* im Schreiben an einen Freund: »…hätte ich einen Komponisten, der minder berühmt, aber meinem Herzen näher, da wär's mir freilich wohler …« Sie unternehmen hier und da kurze gemeinsame Fahrten, doch gelegentliche Versuche, einen herzlichen Ton miteinander zu finden, wie er unzählige Männerfreundschaften auszeichnet, schlagen fehl. Die Ehefrauen, selten einbezogen in Zusammenkünfte, die eigentlich nur dem Werk

Max Reinhardt (1873–1943), der epochemachende Theatermann –
auch mit »Elektra«.

galten, finden noch weniger zueinander. Zwar vergißt keiner der beiden Briefschreiber, an den Schluß ein übliches »Grüße von Haus zu Haus« zu setzen, aber *Pauline* und *Gertrud* finden anscheinend kaum je ein gemeinsames Thema, das beide interessieren könnte.

Die beiden Männer teilten ungewöhnlich viel Glück, Freude und Genugtuung miteinander. Aber man hat nie davon gehört, daß sie einander in der Stunde des »Elektra«-Erfolgs oder nach der Apotheose des »Rosenkavalier« je im Überschwang der Gefühle etwa um den Hals gefallen wären, wie es Ungezählte an ihrer Stelle zweifellos getan hätten. Sie blieben der »sehr geehrte Herr *von Hofmannsthal*«, der »verehrte Herr *Dr. Strauss*«, wie es immer wieder in den Briefen zu lesen ist. Sie mögen einander, ohne jeden Zweifel; mehr, sie wissen, daß sie aufeinander angewiesen sind. Sie schätzten einander so hoch, wie es bei Mitarbeitern nur sein kann. Sie verehrten einander, und das war ihnen klar. Sie vertrauten einander, ohne Grenzen. Aber echte Herzlichkeit, überströmendes Gefühl kommt bei ihnen nicht auf. Niemand konnte es deutlicher ausdrücken als Hofmannsthal, der an *Strauss* den – eigentlich furchtbaren – Satz schrieb: »Auch gibt es für zwei Menschen wie wir nichts als gemeinsame Arbeit…« Das Bewußtsein der geistigen Zusammengehörigkeit –, das band sie aneinander. 1923 scheint *Strauss* auf einmal Lust verspürt zu haben, ein kleines, kaum sehr ernst zu nehmendes Lustspiel zu komponieren. Ein Briefwechsel mit »seinem« Dichter darüber scheint sich nicht gelohnt zu haben; so entsteht, mit Schlußstrich am 21. August 1923 in Buenos Aires, wo er eben mit Staatsopernkräften und Wiener Philharmonikern gastiert, das nicht sehr bedeutende Operchen »Intermezzo«, und *Hofmannsthal* ist froh, daran nicht beteiligt zu sein.

Er schafft inzwischen unermüdlich eigene Werke. 1921 entsteht »Der Schwierige«, der zu den Meisterlustspielen deutscher Sprache gehört und zum »Klassiker« geworden ist. »Der Unbestechliche« findet 1923 kaum geringere Beachtung. In diesen Stücken herrscht ein vornehmer Kammerspiel-Ton, eine auf feinste Nuancen gestellte Bühnenkunst, in der das zu Ende gehende bürgerliche Theater einen letzten Höhepunkt erreicht, bevor der Jargon der Vorstadtstraßen, die Ausdrucksweise der untersten Schichten sich der Kunst bemächtigen. *Hofmannsthal* gehört jener letzten Generation an, die am »Verfeinerten« (manchmal bis ins »Überfeinerte« hinein), an der Empfindsamkeit der Seele, dem Gefühl für das »Artistische« ihre Freude, ihren Genuß hat. Aber die Kraft seiner Dichtung ist so stark, daß sie noch jahrzehntelang in Zeiten hineinschwingen kann, die den Übergang in eine neue Ära zu vollziehen im Begriffe sind. Die Leserschaft *Hofmannsthals* mag zu Ende »seines«, des 20. Jahrhunderts dünner geworden sein (»s' ist halt der Lauf der Welt« heißt es in seiner »Rosenkavalier«-Dichtung), aber seine Opern-Libretti für *Strauss* haben ihre Stärke bewiesen, Gerüst für große Musik zu sein und zu bleiben.

Doch die Zeit rollt ihrem Ende unerbittlich entgegen, *Hofmannsthals* Zeit, Wiens große literarische Zeit, eine der letzten Etappen europäischer Geistigkeit. Sie endet wie solche Epochen immer: in Überspitzung, in Manieriertheit, in kunstvollen Verschnörkelungen, unter denen kein gesunder, starker Kern mehr liegt. Ob *Hofmannsthal* von solchen spielerischen Verirrungen gänzlich freizubleiben weiß, sei hier nicht erörtert oder gar beantwortet.

Dreimal im Jahrzehnt, das auf »Elektra« folgt, drängt es *Strauss* und *Hofmannsthal* zu gemeinsamer Arbeit: »Der Rosenkavalier« entsteht, eine der beliebtesten Opern des internationalen Spielplans, »Ariadne auf Naxos«, eine der feinsinnigsten Musik-Komödien aller Zeiten, und die textlich diskutable, dramaturgisch anfechtbare, wenn auch dichterisch schöne »Die Frau ohne Schatten«, die den Komponisten hingegen auf dem Höhepunkt von Inspiration und Können zeigt. Im Zuge der immer tiefer werdenden Neigung der beiden Autoren zu Mythos, Altertum, Sage und Magie entsteht »Die ägyptische Helena«, die am 6. Juni 1928 in der Dresdener Staatsoper uraufgeführt, aber fast durchwegs nur mit respektvoller Verehrung hingenommen wird. *Strauss'* immer noch stark fließende Melodie, seine groß geschwungenen Kantilenen, die er, nach Puccinis Tod als letzter Großer zu beherrschen scheint, versetzen die erlesene Hörerschaft in jene idyllische Entrückung, die eigentlich längst nicht mehr »zeitgemäß« ist. *Hofmannsthals* Libretto, das von der (manchmal diskutierten, aber kaum ernsthaft geglaubten) Gedankenspielerei – die nur auf dem Gedicht des griechischen Lyrikers *Steischoros* beruht – ausgeht, die »schöne Helena« sei gar nicht wirklich geraubt, sondern nach Ägypten in Sicherheit gebracht worden, so daß der Kampf um Troja in Wirklichkeit um ein täuschendes Ebenbild geführt worden sei, ergibt nur einen schwachen Boden für opernmäßige Abläufe.

Um so erstaunlicher, daß die letzte, später folgende Zusammenarbeit noch einmal ein sehr handfestes, mit idealen Theaterszenen versehenes Opernwerk ergibt: »Arabella«. Doch gerade diesen Erfolg, der auf frischen Wind in der Zusammenarbeit deutete, hat der Textdichter nicht mehr erlebt.

Am 13. Juli 1929 erschoß sich *Hofmannsthals* Sohn *Franz* in der Rodauner Villa. Zwei Tage verbrachten die untröstlichen Eltern wie vom Blitz niedergeschmettert. Am 15. Juli 1929 bereitete der Dichter sich mühsam darauf vor, den schmerzlichen Gang zur Beerdigung auf dem nahegelegenen Kalksburger Friedhof anzutreten. Es überstieg seine Kräfte. Er brach, vom Schlage gerührt, zusammen und verschied wenige Stunden später.

Der Komponist

»Den Letzten aus dem großen Stamm der deutschen Klassiker«, so hat ihn *Stefan Zweig* genannt, der nach dem Tode *Hofmannsthals* ausersehen war, dessen Platz an der Seite *Richard Strauss'* einzunehmen, aber von der Widrigkeit der Zeitumstände zu seinem tiefen Schmerz daran gehindert wurde. Man könnte auch sagen: der Letzte aus dem kräftigen Stamm der deutschen Romantiker, der Letzte der unumstritten großen Opernschöpfer, denen es gelang, mit fünf, sechs, sieben oder vielleicht sogar acht Werken in das Repertoire der musikalischen Weltbühnen einzudringen und von dem ein halbes Dutzend sinfonischer Dichtungen, an die drei Dutzend Lieder regelmäßig auf den Konzertprogrammen ungezählter Länder stehen.

Doch *Strauss* war noch mehr: So der kühnste Neuerer der »modernen« Musik kurz nach der Jahrhundertwende. Gemeinsam mit *Strawinsky, Bartók, Skrjabin, Schönberg*, betonter noch als *Debussy* und *Ravel*, wagte er, die Regeln der spätromantischen Harmonik in Frage zu stellen, neue, revolutionäre Klänge vorzuschlagen und zu verfechten. Nicht prinzipiell, denn er wollte nicht den Umsturz zu jedem Preis – wie andere –, es ging ihm um die Erweiterungsmöglichkeiten der musikalischen Ausdruckskraft dort, wo der Gegenstand es erforderte. Härtere Dissonanzen, als er sie in »Salome« und »Elektra« schrieb, hatte es vorher nicht gegeben. Aber er kannte die Grenzen solcher Vorstöße, er wußte – als einer der ganz Wenigen – um die Gefahren, die ein Verlassen der vielhundertjährigen Tonalität notwendigerweise nach sich ziehen mußte.

Vor allem aber war er auch einer der besten Dirigenten, die seine Zeit in so überraschend großer Zahl hervorgebracht hatte. Gleich bewandert in der Oper wie im Konzert, leitete er jahrzehntelang die führenden Orchester der Welt. In einer Epoche, in der die lebhafte, oft übertriebene Gestik, die betonte Pose des Pultvirtuosen das Tun berühmter Kapellmeister auszeichnete, wurde *Strauss'* ruhiges Gehabe, die im kleinstmöglichen Rahmen überaus deutliche Zeichensprache, deren er sich am Pult bediente, sprichwörtlich und vorbildlich. Er raste nie, er tobte nie, nicht einmal in den aufgepeitschtesten Passagen der »Salome«, der

»Elektra«, des »Don Juan«, der »Alpensinfonie«. Nur das Orchester raste, tobte, wie es gewünscht wurde, während er als überlegener Steuermann den sicheren Weg durch die erregten Klangfluten bahnte und beherrschte. Die Orchester empfanden sein Dirigieren als Wohltat und waren bereit, unter seiner Leitung ihr ganzes Können, ihre höchste Begeisterung zu geben. In seinem Gesicht aber verzog sich keine Miene; nur seine klaren blauen Augen dankten mit einem Aufleuchten, das den Musikern mehr wert schien als Dankesreden anderer.

Am 11. Juni 1864 am »Altheimer Eck 2« in München geboren, erhielt er die ungewöhnliche Musikalität in die Wiege gelegt: Sein Vater, *Franz Strauss*, war der erste Hornist der Hofkapelle –, wahrscheinlich der erste Hornist ganz Deutschlands überhaupt; denn in den Festspielsommern erhielt er die »höheren Weihen« in Wagners weltweit verehrtem Musentempel zu Bayreuth; das bedeutete höchste Auszeichnung. Dabei war er selbst gar kein solcher. Im Gegenteil, seine Götter waren viel eher *Schumann*, *Brahms*, die romantische Schule, die zu den »Neudeutschen« in schroffem Gegensatz stand. Und als er seinen Sohn *Richard* 1882 mit in sein Bayreuther Engagement nahm, ermahnte er den Achtzehnjährigen eindringlich, auf keinen Fall dem »Zauberer« zu verfallen und als »Wagnerianer« in seine beginnende Laufbahn zurückzukehren. Es war umsonst; es gab wohl keinen Jüngling in jener Musikzeit, der von »Tristan und Isolde«, vom »Ring des Nibelungen« und nun zuletzt vom »Parsifal« nicht bis ins tiefste Innere aufgewühlt und erschüttert worden wäre.

Die Familie der Mutter aber wies in eine andere Richtung: in das wohlhabende, patrizische Bürgertum, zur großen Brauerfamilie der *Pschorr*. So hatte der junge Musiker beides in seinem Blute ruhen, was er zu seiner märchenhaft erfolgreichen Laufbahn benötigen sollte: das musikalische Genie des Vaters, die kaufmännische, weltläufige Art der Mutter.

Sehr früh entstehen erste Kompositionen großen Formats: 1881 eine erste Sinfonie, 1882 eine Bläserserenade und ein Violinkonzert, 1883 eine Cellosonate, 1884 abermals eine Sinfonie.

1882 wird das Abitur am Münchener Ludwigs-Gymnasium gemacht und die Universität bezogen, mit Philosophie, Kunstgeschichte, Ästhetik als Hauptinteressen. Da sind die musika-

Richard Strauss mit seinem Sohn Franz in Garmisch,
zur Zeit der Arbeit an »Elektra«

lischen Studien schon nahezu beendet, sie haben aus *Strauss* einen glänzenden Pianisten und auffallend gewandten Dirigenten gemacht, der mit 20 Jahren erstmals bei der Uraufführung seiner Bläsersuite vor einem Orchester steht. Mit 21 wird er, ein äußerst seltener Sprung, Musikdirektor in Meiningen neben dem legendären *Hans von Bülow*, der die Uraufführungen von »Tristan« und den »Meistersingern« geleitet hatte. Die erste Italienreise im Jahre 1886 wird in mehrfacher Beziehung zu einem Schlüsselerlebnis: Der Süden und die Antike eröffnen dem jungen Musiker eine neue Welt. Das Doktorat wird ohne größere Anstrengung gemacht, die sinfonische Dichtung »Aus Italien« zeigt den Komponisten auf Bahnen, die bald in bedeutenden Schöpfungen zur Meisterschaft führen werden: »Don Juan«, »Tod und Verklärung«, »Don Quixote«, »Ein Heldenleben«, »Sinfonia Domestica« sind die wichtigsten Etappen, die eine musikalische Welteroberung bedeuten. Hand in Hand damit geht der dirigentische Aufstieg, der wenig seinesgleichen hat; die größten und wichtigsten Musikstädte der Welt erschließen sich freudig dem stürmisch akklamierten Gast, der im Alter von wenig über dreißig Jahren zu den gesuchtesten Orchesterleitern Europas und Amerikas zählt.

Nur in der Opernkomposition bleibt *Strauss* lange Zeit erfolglos. Weder der noch sehr wagnerische »Guntram«, noch die an sich reizende aber vielleicht noch zu wenig originelle oder persönliche »Feuersnot« finden stärkeren Anklang. Die Zeit – um die Jahrhundertwende – ist reif für eine radikale Wende. *Wagner* war bis ans Ende seines Weges geschritten, über ihn hinaus gab es kein Neuland mehr. Frankreichs Vorstoß in den Impressionismus durch Debussys »Pelléas und Mélisande« war zwar ein neues Tor, das aufsprang, aber es stand wahrscheinlich nur den Menschen dieser Sprache voll offen. Mitteleuropa neigte gefühlsmäßig eher dem Expressionismus (von dem Fäden zum »Jugendstil«, zur »Sezession« laufen) und dem Verismus zu (einem in der Literatur längst durchgesetzten »Naturalismus«). Zum ersteren gehören *Strauss'* »Salome«, *Schönbergs* »Erwartung«, zum zweiten *d'Alberts* »Tiefland«, *Strauss'* »Elektra«. Beide bedeuteten die endgültige Abkehr von *Wagner*. Es war, wie *Strauss* selbst scherzhaft sagte, kein Versuch, über *Wagner* hinauszugehen (was scheitern müßte), sondern ihn zu umgehen ... Aber es war in Wirklichkeit viel mehr als das. 1903 sah *Strauss* in einem Berliner Theater *Oscar Wildes* erregendes Drama »Salome«. Hiermit war der geniale Ire, der im Begriff stand, durch blendenden Witz und Geist ein Weltpublikum zu erobern, ausnahmsweise in französischer Sprache auf eine gänzlich andere Bahn gesprungen. Es muß der Entschluß einer einzigen Stunde gewesen sein, aus diesem einaktigen Stück (das, ohne sich dessen bewußt zu sein, die fünfzig Jahre später erhobene Forderung nach »sex and crime« in der Bühnenliteratur bereits in starkem Maße erfüllte) ohne den Umweg über ein operngemäßes Libretto ein absolut neuartiges Werk des Musiktheaters zu formen. »Salome« schlug wie eine Bombe ein. Musikalisch wie dramatisch, psychologisch und orchestral bedeutete diese Oper eine Revolution. Sie lud ihrem Schöpfer eine gewaltige Verantwortung auf die Schultern. Über Nacht war er zum Herold der musikalischen Jugend geworden, einer unruhigen Generation, die an der Schwelle umwälzender Ereignisse stand. In *Richard Strauss* erblickte sie einen mächtigen Anführer, fachlich unangreifbar und mit kühnen Ideen.

Die einst flüchtige Bekanntschaft mit dem wesentlich jüngeren österreichischen Dichter *Hugo von Hofmannsthal* erhielt nun eine schicksalhafte neue Bedeutung. Ein Ballett, das *Hofmannsthal* vorschlug, kam zwar nicht zur Ausführung, aber dessen großartige Bearbeitung der griechischen Mythologie, »Elektra«, wirkte, als *Strauss* sie beim »Magier« des neuen deutschen Theaters, *Max Reinhardt*, in Berlin auf der Bühne sah, so gewaltig, wie sechs Jahre zuvor »Salome«. Der Dichter wußte Bedenken des Komponisten, sein Stück sein »Salome« zu »ähnlich«, sachkundig auszuräumen. Voll Begeisterung stürzte sich der Musiker in die neue Aufgabe, die Inspiration floß so übermächtig wie beim vorangegangenen Drama, Harmonik und Instrumentation erklommen neue Höhepunkte, alle erdenklichen Schauer zerstörter Seelen brachen fast noch stärker auf als in »Salome«, aber in der Wiedersehensszene der beiden Geschwister – Elektra und Orest – erreichte die Musik von *Strauss* eine neue Dimension. Es war wie das Aufblühen einer Wunderblume in einem fürchterlichen, grauenerregenden Abgrund.

Mit »Elektra« stärkt sich die Stellung von *Strauss* an der Spitze der »Neutöner« noch mehr. Er war vollends zum Propheten der

jungen, umsturzfreudigen Musiker geworden. In seinen Musik-
dramen sah man die »neue Musik« sieghaft aufleuchten, sie
akzentuierte klar das Abheben von der Romantik und dem
19, Jahrhundert. Die Tonalität, von den Rebellen als veraltet
empfunden, wankte in vielen Szenen der »Salome« und mehr
noch der »Elektra«. *Strauss* hatte die Tonalität nie theoretisch in
Frage gestellt, nie ihren Anspruch verleugnet, auch wenn er sie
bis zum Äußersten erweitert, ihre letzten, verborgenen Möglichkeiten zu musikalischem Ausdruck gebracht hatte. Ja, er verließ
den Boden der Tonalität sogar zeitweise, etwa da, wo er Klytämnestras furchtbare Angstzustände oder Elektras rasendste Beses-
senheit im Rachewahn in Tönen malte. Aber es bedeutete keine
Aufgabe der Tradition; stets war seine Musik wieder zu ihren
Wurzeln zurückgekehrt, die sich dann um so kräftiger erwiesen,
je ausgerotteter sie zu sein schienen. Nie, in keinem Augenblick
seines Schaffens hat *Strauss* ernsthaft in Erwägung gezogen, die
»Atonalität« als Kompositionsprinzip anzuerkennen, die Tonalität »abzuschaffen«, wie es eine Gruppe seiner Zeitgenossen
versuchte. Harte Dissonanzen, die bestimmte Gemütszustände
ausdrücken konnten, mußten vorübergehend zu »atonalen« Bildungen führen, aber an der Tonalität als solcher, an den Gesetzen
der Zusammenklänge war nicht zu zweifeln; sie schienen ihm in
der menschlichen Natur – zumindest im Abendland – fest veran-
kert. Und so konnten »Salome« und mehr noch »Elektra« extreme Erweiterungen der Tonalität erfordern, »erschreckende«
Klänge von schneidender Schärfe – wie die Dramen zu schneidender Schärfe gelangten, in denen von Zerrüttung des Seelen-
lebens gesprochen werden konnte –, aber wer die Tonalität im
Prinzip auflöste, besaß dann keine Farben mehr für ruhigere,
»normale« Zustände. *Strauss* sah das Chaos voraus, das auf
einen solchen Schritt unweigerlich folgen mußte und hat dies
unverhohlen ausgesprochen, sein Leben lang.

Für die »Welt« muß es eine große Überraschung gewesen sein,
als auf »Elektra« dann ein völlig gegensätzliches Werk des glei-
chen Autorenpaares auf die Bühne gelangte. Wer aber mit der
Denkweise der beiden Künstler näher vertraut ist, der kann diese
Entwicklung nachvollziehen. *Strauss* akzeptierte *Hofmannsthals*
Vorschlag des »Rosenkavaliers« (einer bezaubernden Wiener
Komödie aus Maria Theresias Zeiten, die des seelischen Tief-

Probe zur ersten Berliner »Elektra«, 1909. Richard Strauss mit
Thila Plaichinger (Elektra) und Marie Götze (Klytämnestra).

gangs trotz schwankhafter Einschübe keineswegs entbehrte) mit
Begeisterung, er komponierte rasch und glücklich. Die gefährliche Klippe – eines unfähigen Regisseurs – wurde in letzter
Minute umschifft, und die Premiere, wieder in Dresden, weitete
ihren Triumph zur meistgespielten Oper des 20. Jahrhunderts,
neben *Puccinis* Meisterwerken »Tosca«, »Madame Butterfly«
und »Turandot« aus. Der »Retter« dieser Premiere hieß *Max
Reinhardt*. Der geniale Theatermann hatte in wenigen Tagen
Sinn, Form und Reiz dieser Oper in »inoffiziellen« Proben dem
Ensemble beizubringen gewußt und es verstanden, jene Atmosphäre hervorzuzaubern, die den unverblaßten Charme dieser
wahren Meisterkomödie ausmacht.

Die Autoren wollten es ihm danken –, so, wie man eben einem echten Theatermann dankt: mit einer dichterisch-musikalischen Miniatur von einmaligem Wesen. Die Überraschung gelang nicht ganz: »Ariadne auf Naxos« in der ersten Fassung mit dem theatermäßig gespielten Vorspiel von *Molière* geriet zwar zum Schmuckstück erlesenster Geistigkeit, nicht aber zum »praktikablen« Theaterabend. Welche Bühne konnte an einem Abend beide großen Ensembles, das dramatische und das musikalische, gleichzeitig aufbieten? Die Stuttgarter Premiere war ein kulturelles Ereignis hohen Ranges, *Hofmannsthals* Artistik, europaweit bewundert, fand ihren vielleicht höchsten Ausdruck, die Palette von *Richard Strauss* war reicher, umfassender, geistvoller als je. Er fand hier Töne für die diametral entgegengesetzten Charaktere der beiden Frauen, der einen, die an gescheiterter Liebe zugrunde zu gehen meint und der anderen, die ihre Liebhaber nach Lust und Laune wechselt, Töne für den Schmerz eines jungen idealistischen Künstlers, der mit der Rauheit, Rücksichtslosigkeit der Welt zusammenstößt, und eines Komödiantenensembles der vergnüglichsten »Commedia dell'arte«. Der Komponist hatte seinen Partner vorsorglich gewarnt, dies sei keine Oper für zweitausend Menschen pro Abend, sondern ein feines, vielleicht allzufeines Kammerspiel für Feinschmekker. – Die zweite Fassung, die eine fast völlige Umarbeitung bedeutete und in erster Linie den »Fremdkörper« des gesprochenen Vorspiels eliminierte, ging, nun durchkomponierte Oper und durchweg von *Hofmannsthal* textiert, in Wien 1917 über die Bühne, wurde öfter bewundert als gespielt, bis sie nach dem Zweiten Weltkrieg eine verblüffende Auferstehung erlebte und Repertoirestück wurde.

Mit »Die Frau ohne Schatten«, Wien 1919, erreicht die Zusammenarbeit der beiden Meister einen neuen, nach vielfacher Ansicht den glanzvollsten Höhepunkt. Wohl wird der dunkle, symbolbefrachtete Text *Hofmannsthals* viel kritisiert oder mindestens in seiner Theaterwirksamkeit und dichterischen Sprache bezweifelt, die Musik von *Strauss* aber hat nur Bewunderer. Ein gutes Dutzend wundervoller Stellen und Szenen – vor allem wohl der Schlußgesang, den der Färber mit der Prachtkantilene »Mir anvertraut« einleitet – gehören zur schönsten Musik des 20. Jahrhunderts.

Als wolle sein Geist ein wenig rasten von der gigantischen Anstrengung der Vierstunden-Oper, sind die nächsten Werke, das Ballett »Schlagobers« und die Komödie »Intermezzo« nicht viel mehr als nette Unterhaltung, glänzend gemacht wie bei einem unerreichten Meister des Handwerks nicht anders zu erwarten, aber an Bedeutung nur in weitem Abstand zum Gipfelquintett von »Salome« zur »Frau ohne Schatten« zu nennen.

Strauss überschreitet die Sechzig, legt die Direktion der Wiener Staatsoper nieder, bemüht sich mit Erfolg um den Aufbau der Salzburger Festspiele und kehrt nochmals zum intensiven Schaffen mit *Hofmannsthal* zurück. Doch »Die ägyptische Helena« ist ein kaum zu bemäntelnder Fehlschlag (Dresden 1928). Aber wer *Richard Strauss* »ausgeschrieben« wähnte, irrt: das letzte gemeinsam begonnene Werk, »Arabella«, weist, ein wenig ungleichmäßiger allerdings als frühere Stücke, glänzende Szenen auf. Die beiden großen Duette – jenes der beiden Mädchen und das Arabellas mit Mandryka – sind herzgewinnend und vollendet für die Stimmen geschrieben. Beide aber sind keine Originalmelodien des Komponisten: Hier hat er, ganz in die heimatliche Folklore Mandrykas eingebettet, südslawische Volksmusik mit tiefstem Verständnis verwendet.

Hofmannsthal stirbt, *Strauss* beweint ihn aufrichtig. Ideal oder nicht – er war ein Gefährte, der Gefährte vieler Meisterwerke, die nun für immer unter ihrer beider Namen ihren Weg durch die Welt nehmen würden. Doch rascher als gedacht, wird die zuerst unausfüllbar scheinende Lücke geschlossen. Eine *Hofmannsthal* sehr verwandte Seele, auch er eine der bedeutenden literarischen Gestalten aus der alten Donaumonarchie, übernimmt freudig und beglückt, mit dem größten Meister der spätromantischen deutschen Musik gemeinsam schaffen zu dürfen, die verantwortungsschwere Aufgabe: *Stefan Zweig*. Er hat einen glänzenden Entwurf vorzulegen: die Komödie von der »schweigsamen Frau« des *Shakespeare*-Konkurrenten *Ben Jonson*. Wahrlich ein vollsaftiges Libretto, von unsagbarer Komik bis zu feinster Melancholie. Begeistert komponiert *Strauss*, findet überströmend herzliche Worte für den überglücklichen *Zweig*, aber er ahnt nicht, welche grausamen Verwirrungen sich diesem neuen Bund entgegenstellen sollten. Er versucht, ihnen zu begegnen, wagt sich sogar zu Beginn gegen das Diktat des Nationalsozialismus vor: verteidigt seinen jüdischen Textdichter, setzt sogar durch, daß dessen Name auf dem Programm der Uraufführung genannt werde. Doch er mußte es büßen: gegen die Gewaltmaschine Hitlers gab es keinen Widerstand, käme er auch vom allseits verehrten Präsidenten der Reichsmusikkammer. Für *Strauss* begannen schwere Zeiten; unter seinen Freunden gab es »Nichtarier«, die das Land ihrer Kindheit und Jugend unter großen Opfern verlassen mußten, sein Sohn hatte eine Jüdin geheiratet, Hitlers Kriegsvorbereitungen waren ihm ein Greuel. Seine Auslandsreisen wurden eingeschränkt und nur erlaubt, weil sie eine starke Werbung für Deutschlands Kulturleben bedeuteten. Erst bei Kriegsende kann *Strauss* in die Schweiz gelangen, wo er sich Kuren unterziehen muß, aber gelegentlich zu Aufführungen seiner Werke nach Zürich, Bern und anderen Städten reisen kann. Hier steht er, ohne es je anzustreben, im Mittelpunkt endloser Ovationen.

Stefan Zweig, aus seiner österreichischen Heimat vertrieben, hatte sich 1942 in der Nähe von Rio de Janeiro das Leben genommen. Wenn er wieder für das Musiktheater schaffen wollte, mußte *Strauss* einen neuen Librettisten suchen. Empfohlen wurde ihm der hochgebildete Wiener Schriftsteller *Joseph Gregor*, auf dessen Libretti *Strauss* die Musik der Opern »Friedenstag« (1938), »Daphne« (1938) und »Die Liebe der Danae« (beendet 1940, nach einem Entwurf *Hugo von Hofmannsthals*, uraufgeführt erst 1952, also posthum) schuf.

Er rettete sein gesamtes Lebenswerk und dessen weltweite Ausstrahlung über den Zusammenbruch des »Dritten Reiches« hinaus in die Friedensjahre, vollendete am 3. August 1941 seine letzte Oper »Capriccio« in seiner unversehrt gebliebenen Villa in Garmisch; den geistreichen und poetischen Text schrieb er selbst in Gemeinschaft mit dem großen Dirigenten *Clemens Krauss*, der zu seinen treuesten Freunden zählte. Die Uraufführung fand am 28. Oktober 1942 statt, in München, dessen Staatstheater wenig später, wie alle Theater Deutschlands, dem »totalen Krieg« zum Opfer fiel. Späteren Geschichtsschreibern wird es vielleicht gespenstisch vorkommen, daß da zwei hochbedeutende Männer in der Stille einer Villa zwischen den Bergen, scheinbar unberührt von allem grausamen Geschehen um sie herum, miteinander ein rein künstlerisches Meisterwerk schaffen können, das in keinem Wort, keiner Note, keinem Gedanken Spuren des welthistorischen Geschehens aufweist. Ein Werk, das sich mit einem so lebensfremden Thema beschäftigen kann, wie es die alte, immer wieder ventilierte Frage ist, was in einer Oper Vorrang habe und wichtiger sei, das Wort oder der Klang, der Text oder die Musik. Gewiß drang der Kanonendonner, das Geheul der Kampfflugmaschinen, das Dröhnen der Minenwerfer, das Stöhnen der Millionen sterbender Soldaten vor Stalingrad nicht einen Augenblick lang in die vornehme Stille der *Strauss*-Villa in Garmisch. Kann Kunst so neben oder über dem gräßlichsten Weltgeschehen stehen? 1949 feierte die Welt den 85. Geburtstag des greisen Meisters, München und Garmisch gingen in den ungezählten Ehrungen voran. Ein letzter Filmausschnitt zeigt den großen Komponisten noch einmal, wie er still und sachlich – wie eigentlich immer – den zweiten Aktschluß seines »Rosenkavaliers« dirigiert, eine Szene, die alle Musikliebhaber der Welt hätten mitsummen oder mitsingen können. Er starb am 8. September 1949 in seinem Haus, um 14.10 Uhr. Sein Lebenswerk, bewundernswert groß und reich, war getan.

Gemeinsame Werke von Hofmannsthal/Strauss

	beendet:	Uraufgeführt:
Elektra	Garmisch, 10.9.1908	Dresden, 25.1.1909
Der Rosenkavalier	Garmisch, 26.9.1910	Dresden, 26.1.1911
Ariadne auf Naxos, 1.Fassung	Garmisch, 30.4.1912	Stuttgart, 25.10.1912
Ariadne auf Naxos, 2. Fassung	Garmisch, 1916	Wien, 4.10.1916
Josephslegende (Ballett) (*Hofmannsthal* in Gemeinschaft mit *Harry Graf Keßler*)	Berlin, 2.2.1914	Paris, 14.5.1914
Die Frau ohne Schatten	Garmisch, Februar 1918	Wien, 10.10.1919
Die Ägyptische Helena	Garmisch, 8.10.1927	Dresden, 6.6.1928
Arabella	Garmisch, 12.10.1932	Dresden, 1.7.1933

Die Daten der Beendigung eines Werkes beziehen sich auf den Abschluß der musikalischen Partitur.
Die beiden bei »Arabella« angegebenen Daten liegen bereits nach dem Tode *Hofmannsthals*; das der Uraufführung 5 Monate nach der »Machtergreifung« des nationalsozialistischen Regimes in Deutschland, die einer Anwesenheit des Textdichters zweifellos Schwierigkeiten in den Weg gelegt hätte. Bei allen anderen Uraufführungen konnten die Autoren *Strauss* und *Hofmannsthal* stets gemeinsam den Dank des Publikums entgegennehmen.

Dokumente zur Geschichte
der Oper »Elektra«*

1900 hatten sie einander kennengelernt, der 36jährige Komponist aus München und der 26jährige Dichter aus Wien –, weltberühmt als Dirigent und Komponist der eine, in literarisch interessierten Zirkeln schon hochgeschätzt und durch frühe Gedichte sowie erste theatralische Versuche stark aufgefallen der andere. Der Entwurf eines Balletts kam zur Sprache, aber *Strauss* sagte bald danach ab.

Etwa fünf Jahre später sah er *Hofmannsthals* Drama »Elektra« in Berlin, großartig dargeboten unter der Regie des sensationell aufsteigenden *Max Reinhardt*. »Salome« war eben zum unbeschreiblichen Triumph geworden. »Elektra«, trotz aller Verschiedenheit doch ein wenig dieser Tragödie aus der alten Welt verwandt, packte den Komponisten. Hier schien ihm abermals seine persönliche Eigenheit angesprochen; ihn packte das kurze, einaktige, geballte Drama gewaltiger Leidenschaft. Er hat es offensichtlich den Dichter wissen lassen, denn dieser schreibt ihm am 7. März 1906: »Lieber und sehr geehrter Herr, und wie steht's mit Ihnen und ›Elektra‹? Es ist doch die Hoffnung auf keine geringe Freude, die Sie in mir so unerwartet rege gemacht haben … Je mehr ich nachdachte, desto ausführbarer schiene mir's – Ihnen ging's vielleicht entgegengesetzt. Ich werde für die kleine Nachricht, in jedem Fall, dankbar sein. Ihr herzlich ergebener …«

Vier Tage später antwortet *Strauss* aus Berlin nach Rodaun bei Wien: »Verehrter Herr von Hofmannsthal! Ich habe nach wie vor die größte Lust auf ›Elektra‹ und habe mir dieselbe auch schon bereits ganz schön zum Hausgebrauch zusammengestrichen. Die Frage, die ich mir noch nicht endgültig beantwortet habe (das wird wohl im Sommer, der Zeit, wo ich produzieren kann, entschieden werden) ist nur, ob ich unmittelbar nach ›Salome‹ die Kraft habe, einen in Vielem derselben so ähnlichen

---

* Zumeist aus dem »Briefwechsel Richard Strauss – Hugo von Hofmannsthal«, Zürich – Freiburg, 1. Auflage 1952.

Stoff in voller Frische zu bearbeiten, oder ob ich nicht besser tue, an ›Elektra‹ erst in einigen Jahren heranzutreten, wenn ich dem Salomestil selbst viel ferner gerückt bin. Darum wäre es mir immerhin wertvoll, zu wissen, was Sie etwa an Anderem für mich auf Lager haben und ob ich einen der ›Salome‹ entfernteren Stoff Ihrer Hand vielleicht vor ›Elektra‹ vornehmen könnte. Sie sprachen außer der ›Semiramis‹, auf die ich höchst gespannt bin, noch von einer anderen Arbeit, die Sie unter der Feder haben … Jedenfalls bitte ich Sie dringend, mir in allem Komponierbaren von Ihrer Hand das Vorrecht zu lassen. Ihre Art entspricht so sehr der meinen, wir sind füreinander geboren und werden sicher Schönes zusammen leisten, wenn Sie mir treu bleiben …«

Das klingt fast wie die Erklärung eines Verliebten, der um die Hand der Begehrten anhält, und dieses geistige Band hat tatsächlich bis zum Tode *Hofmannsthals* gehalten; auf dieser Grundlage entstanden einige der bedeutendsten Werke des Musiktheaters im 20. Jahrhundert.

Es ist interessant zu beobachten, wie *Strauss* der Drängende ist. Er ahnt, er wittert (könnte man beinahe sagen), in dem Wiener Dichter den idealen Librettisten gefunden zu haben. Am 25. April teilt er ihm mit, daß er vom 10. bis 20. Mai in Graz »Salome« dirigieren werde und schlägt ein Treffen dort oder auf der Durchreise in Wien vor. Vielleicht auch auf dem Semmering, einem schönen Berggebiet südlich von Wien, auf dem Wege von oder nach Graz. »Was sind Ihre Sommerpläne? Ich bin im Juni und August in Marquartstein (Oberbayern)* zwischen München und Salzburg, im Juli wahrscheinlich in Wengen (Berner Oberland). Ich möchte mich sehr gern mal ein paar Stunden mit Ihnen tüchtig ausplaudern! …« Und dann fragt er nochmals: »Sind Sie am 9. und 10. Mai in Wien (Rodaun)?« Man fühlt die große Wichtigkeit, die *Hofmannsthal* im Leben von *Strauss* gewonnen hat –, obwohl noch kein gemeinsames Werk der beiden Meister vorliegt.

---

* wo die Villa von Strauss' Schwiegereltern de Ahna stand.

Lesen wir einen Brief des Dichters vom 27. April 1906, insoweit als er mit »Elektra« in Zusammenhang steht: »... Es hat mich aufs herzlichste gefreut, auch in Ihrem Brief ausgesprochen zu sehen, was lange mein Gedanke und Wunsch war: daß wir etwas zusammen früher oder später machen werden und müssen. Nun muß ich schon sagen, daß ich, wie die Dinge mir nun zu liegen scheinen, allerdings sehr froh wäre, wenn Sie es möglich fänden, zunächst an der ›Elektra‹ festzuhalten, deren ›Ähnlichkeit‹ mit dem ›Salome‹-Stoff bei näherer Überlegung doch auf ein Nichts zusammenzuschrumpfen scheint. (Es sind zwei Einakter, jeder hat einen Frauennamen, beide spielen im Altertum und beide wurden in Berlin von der *Eysoldt* kreiert*, darauf läuft die ganze Ähnlichkeit hinaus.) Denn die Farbenmischung scheint mir in beiden Stoffen eine so wesentlich verschiedene zu sein: bei der ›Salome‹ soviel purpur und violett gleichsam, in einer schwülen Luft, bei der ›Elektra‹ dagegen ein Gemenge aus Nacht und Licht, schwarz und hell. Auch scheint mir die auf Sieg und Reinigung hinauslaufende, aufwärtsstürmende Motivenfolge, die sich auf Orest und seine Tat bezieht – und die ich mir in der Musik ungleich gewaltiger vorstellen kann als in der Dichtung –, in ›Salome‹ nicht nur nicht ihresgleichen, sondern nichts irgendwie Ähnliches sich gegenüber zu haben. Aber es ist nicht meine Sache, diese Aufgabe, die Ihnen zu meinem eigenen großen Erstaunen sich darbot und Ihnen einen Augenblick lockend schien, Ihnen aufzuschmeicheln; aber – ich sehe in absehbarer Zeit (und ums Absehbare handelt sich's doch dem, der schaffen und weiterbauen will) nicht die Möglichkeit, eine andere Dichtung hervorzubringen, die nach Stoff und Umfang geeignet scheinen könnte, Ihnen als Grundlage einer Tondichtung zu dienen ...«

Im sehr langen Schreiben *Hofmannsthals* werden noch andere Themen berührt. Er lehnt einen Vorschlag des Komponisten ab, einen Renaissancestoff zur Oper zu verarbeiten (für den er recht böse Worte findet) und erwähnt, daß er in seinem eigenen Schaffen mit einem Stück über das Sterben beschäftigt sei: dem künf-

---

*   Gertrud Eysoldt, bedeutende deutsche Schauspielerin, war die erste deutsche Interpretin von Oscar Wildes »Salome« und die erste »Elektra« von Hofmannsthal, beide Male in Berlin.

tigen, so überaus erfolgreichen »Jedermann«, der heute noch das Rückgrat der Salzburger Festspiele bildet und durch diese weltberühmt wurde.

Immer wieder taucht zwischen den beiden Partnern die Erwähnung eines Semiramis-Planes auf, eines des öfteren opernmäßig behandelten Stoffs, so vor allem von *Rossini*; aber schließlich bleibt das Projekt unausgeführt.

Aus Marquartstein schreibt *Strauss* am 5. Juni (wir befinden uns immer noch im gleichen Jahre 1906): »Ich möchte mit ›Elektra‹ anfangen, kann aber mit Fischer* wegen des Textbuches nicht einig werden ...«

Juristische Bedenken und Spitzfindigkeiten halten nun das gemeinsame Werk noch auf: *Strauss* beansprucht Mitrechte auf das Textbuch dem Verleger gegenüber, oder besser gesagt: den beiden Verlegern, dem der Partitur und dem des vom *Fischer*-Verlag beanspruchten Librettos, einer schädlichen Zweigleisigkeit, die Verkauf und spätere Abrechnungen der Aufführungsrechte komplizieren müßte, wie er meint. *Hofmannsthal* regelt die Angelegenheit gütlich.

Inzwischen hat *Strauss* sich (er teilt es im Brief vom gleichen Tag, 5. Juni, mit) für *Rückerts* »Saul und David« begeistert und bittet den Dichter, dieses Werk zu lesen und eventuell für eine Oper in Betracht zu ziehen. Es ist in Zukunft keine Rede mehr davon, die beiden Männer scheinen nun ohne Einwand bereit, an die Arbeit zu gehen.

In diesem Sommer arbeitet *Strauss* in seiner zähen, stillen, fast verbissenen Art an »Elektra«. *Hofmannsthal* läßt ihm bei kleinen Textänderungen freie Hand und bewundert oft den unfehlbaren Bühneninstinkt seines Partners. Irgendwann, irgendwie gelangt eine Notiz in die österreichischen Zeitungen, die von der Gemeinschaftsarbeit an »Elektra« Kunde gibt: Beide Autoren sind sehr verärgert und erklären sich für unschuldig daran. Doch das öffentliche Interesse war geweckt und verstummt nicht mehr: Beide sind zu prominent, um eine solche Nachricht nicht sofort zur Sensation anschwellen zu lassen. Am 1. Oktober teilt der Dichter dem Musiker mit, er werde gegen den 10. Dezember

---

* Verlag S. Fischer

für ein paar Tage nach Berlin kommen, wo ein Treffen ihm sehr erwünscht wäre. Freudig geht *Strauss* auf diesen Vorschlag ein. Er erwähnt nicht, daß er seinem Librettisten einiges aus »Elektra« vorspielen möchte, wohl aber, daß er »kolossal gespannt« sei, von neuen Plänen und eventuell »schon Fertigem« zu hören.

Es wird immer schwieriger, Zusammenkünfte zu vereinbaren; der Terminkalender des Dirigenten *Strauss* ist auf Jahre im voraus stark belastet, und der Dichter wird immer öfter zu Lesungen geladen. Auch das Berliner Treffen muß auf eine winzige Zeitspanne reduziert werden, verläuft aber durchaus erfreulich und bringt die beiden Männer einander noch näher. Über »Elektra« scheint man nicht mehr viel geredet zu haben. Hier lag ja eine fertige Dichtung vor, an der der Komponist nur kleine Anpassungen an seine Musik zu machen hatte. Hingegen sprachen sie über nächste Pläne; sie sind für unsere Geschichte der »Elektra« nicht wichtig, ja nicht einmal für die beiden Autoren selbst, denn die »Semiramis« nach des Spaniers *Calderón Pedro de la Barca* (»Tochter der Luft«), über die sie verhandelten, sollte nie zur Ausführung gelangen. Noch vor der »Elektra«-Premiere tritt überraschend ein ganz anderer Stoff in ihr Blickfeld: »Der Rosenkavalier«.
Immerhin tauchen doch einige Fragen zur »Elektra« auf. *Strauss* stellt sie im Zuge der Komposition, zumeist laufen sie auf Vereinfachungen der dramatischen Linie hinaus, die sich für die geballte Musik, die er schreibt, als vorteilhaft erweisen. Etwa (am 22.12.1907): »... Es ist nicht gut, daß nach dem Mord an Klytämnestra die ganzen Weiber gelaufen kommen, dann wieder verschwinden, dann, nach dem Morde des Aigisth*, mit Chrysothemis wieder ankommen. Das sind zu stark gebrochene Linien ...« Und er macht Verbesserungsvorschläge. Am 3. Januar 1908 geht *Hofmannsthal* auf diesen Punkt ein: »Ich glaube, es läßt sich ganz leicht in den Ermordungsszenen die doppelte Kurve, die Sie stört, in eine einfache Kurve auflösen ...« Er erläutert dann bis ins Einzelne seine Ansicht, die dann auch in die Partitur aufgenommen wird.

---

* lt. Originalbrief: »Aigisth«.

Am 20. Februar 1908 schreibt *Strauss* aus Warschau, wo er soeben dirigiert und schlägt ein Treffen in Wien für Anfang März vor. Gleichzeitig schickt er *Hofmannsthal* weitere kleine Veränderungsvorschläge und bittet um baldige Erledigung. Auch dieses Treffen verläuft nicht ohne Schwierigkeiten (25.2.1908). »Unsere Rendezvous sind ein Lustspiel. Ich warte seit gestern auf Bescheid von Ihnen, vergebens. Und meine Köchin vergißt, mir Ihre telefonische Mitteilung auszurichten!! Als ich sie frage, ob sie dies Ihnen gesagt habe, erwidert sie, sie habe sich nicht getraut, weil Sie ›so aufgeregt gewesen seien‹! ...«, schreibt *Strauss*.

Aber »Elektra« schreitet fort. Am 22. Juni 1908 geht folgender Brief des Komponisten an seinen Librettisten ab: »... Ich brauche einen großen Ruhepunkt nach dem ersten Aufschrei der Elektra: ›Orest!‹ Ich werde ein zärtlich bebendes Orchesterzwischenspiel einfügen, während Elektra den ihr wiedergeschenkten Orest betrachtet; ich kann sie öfters stammelnd die Worte: ›Orest, Orest, Orest!‹ dazu wiederholen lassen, und von dem weiteren passen nur die Worte: ›Es rührt sich niemand! O laß Deine Augen mich sehen!‹ in diese Stimmung. Könnten Sie mir da nicht ein paar schöne Verse einfügen, bis ich dann (als Orest sie zärtlich umarmen will) in die düstere Stimmung übergehe, die mit den Worten beginnt: ›Nein, Du sollst mich nicht berühren‹ etc. Ihre erste Verssendung dankend erhalten; sehr schön, aber etwas wenig. Bitte drücken Sie noch ein bißchen, es kommen sicher noch etwa 8 Verse für jede heraus, ich muß hier Material haben, um beliebig steigern zu können. 8, 16, 20 Verse, soviel Sie können, und alle in derselben ekstatischen Stimmung, immer sich steigernd. Nun noch eines: ich verstehe am Schluß immer noch nicht den szenischen Vorgang. Orest ist doch *im* Haus; die Haustür in der Mitte ist doch geschlossen. Chrysothemis und die Dienerinnen sind ins Haus links abgelaufen. Später kommen sie ›wild herausgelaufen‹. Woraus? Links oder durch die Mitte? Später: Chrysothemis läuft *hinaus*. Wo *hinaus*? Durch die Hoftüre rechts? *Warum*? Orest ist doch in der Mitte des Hauses? Warum läuft Chrysothemis ... wieder herein? Warum schlägt sie am Schluß an die Tür des Hauses? Doch wohl, weil sie verschlossen ist? Bitte beantworten Sie mir recht genau diese Fragen. Das Szenarium war mir nach der Lektüre niemals ganz klar. Die Partitur ist fertig bis zum Eintritt des Orest. Ich habe gestern begonnen, weiter zu komponieren und bin, glaube ich, dafür jetzt in sehr guter Stimmung ...« Anschließend zeichnet *Strauss* ein Szenarium und entwirft selbst Verse, die er, gewissermaßen als Anregung, seinem Dichter übermittelt. Und die dieser fast unverändert übernehmen wird. Am 25. Juni bereits antwortet *Hofmannsthal* und klärt die szenischen Vorgänge der letzten Szene. In einem PS beantwortet er die Frage des Musikers nach einer möglichen Casanova-Oper: daß er »schon stark daran arbeite«. Sie ist nie ausgeführt worden.

Am 4. Juli 1908 folgt wieder ein ausführlicher Brief aus Rodaun, in dem *Hofmannsthal* seine nächsten Arbeiten zu ordnen trachtet, vor allem den »Casanova«, der ihn ungewöhnlich stark beschäftigt. Er vergleicht diesen Stoff in gewissem Sinn mit *Mozarts* »Figaro« und sich selbst ein wenig mit dessen Textdichter *Da Ponte*. Von »Elektra« ist in diesem Brief keine Rede.

Am 6. Juli antwortet *Strauss* mit einem ungewöhnlich langen Schreiben. Wieder ist der »Casanova« das Hauptthema, aber bevor die Sprache darauf kommt, stehen ein paar wichtige Zeilen: »Ihre Verse bei der Erkennung des Orest durch Elektra sind wunderschön und bereits komponiert. Sie sind der geborene Librettist, in meinen Augen das größte Kompliment, da ich es für viel schwerer halte, eine gute Operndichtung zu schreiben als ein schönes Theaterstück. Sie werden natürlich anderer Ansicht sein und haben dabei ebenso recht wie ich! ...«

Immer öfter gehen nun Textsendungen hin und her. *Strauss* schlägt vor, wie er sich gewisse Stellen vorstelle. Sie diskutieren schriftlich oder *Hofmannsthal* arbeitet den erhaltenen Vorschlag aus oder ein wenig um und sendet ihn zurück, worauf *Strauss* ihn sofort vertont. Am 8. Juli 1908 gehen diese Zeilen von Rodaun zu *Strauss*, der viel umherreist: »Vielen Dank für Ihre lieben Zeilen. Ich bin ganz sicher, daß wir beide uns unser Leben lang über jede Angelegenheit schnell und einfach verständigen werden ...«

Diese Versicherung wird wahr, wenn auch nicht ganz so leicht wie bei »Elektra«, der ersten gemeinsamen Arbeit.

Am meisten geben die letzten Szenen Anlaß zum Gedankenaustausch. Es sind, dramaturgisch gesehen, die schwierigsten: die ungeheuer wuchtige Lösung, Erlösung, Auflösung des gesamten Dramas. Sie erfolgt nach dem wundervollen lyrischen Höhepunkt des Wiedererkennens der Geschwister Orest und Elektra, das zu den schönsten Szenen des gesamten Musiktheaters gehört.

Aus Venedig schickt *Hofmannsthal* am 19. Mai 1908 neue Vorschläge für den Schluß und bemerkt dazu: »... ich hoffe, es paßt Ihnen ... es war nicht ganz leicht zu finden ...«

Trotz der Kürze dieser beiligenden Zeilen – insgesamt nur fünf! – fehlt eine Anspielung auf »unseren Figaro« nicht, die Casanova-Komödie, die beide ins Herz geschlossen haben, wobei *Hofmannsthal* aber daran denkt, sie zuerst als Theaterstück herauszubringen. Der Rest des Sommers, der Frühherbst 1908 zeigt, wie intensiv beide Künstler den »Casanova« vorantreiben wollen.

Aber von der »Elektra« ist recht lange nicht mehr die Rede. Galt sie beiden als abgeschlossen? Von der Dichtung, die im Jahre 1903 vollendet war, bis zu den letzten Takten der Oper zu Ende des Jahres 1908 waren ziemlich genau fünf Jahre vergangen. Die Komposition allein war in der knappen Zeit von zwei Jahren entstanden, wobei kaum die Hälfte dieser Frist auf die tatsächliche Arbeit entfällt: *Strauss*, ein vielbeschäftigter Dirigent, war ganz ähnlich seinem Kollegen und Freund *Gustav Mahler*, ein »Sommerkomponist«, und auch während dieser Monate verhinderten oft andere Beschäftigungen das Entstehen großer Werke. Blickt man auf die gewaltige Orchesterpartitur der »Elektra« – der wohl größten, die bis dahin geschaffen worden war – dann ergreift den Fachmann wie Laien aufrichtige Bewunderung. Nur im Zuge der Leidenschaft für das neue Werk konnte dieses klanglich fast überdimensionale Werk trotz aller Unterbrechungen wie aus einem Guß gigantisch erstehen, ohne Lücke, ohne Schwachstelle, ohne Minderung der Spannung.

Im September 1908 kann *Strauss* dem Dresdener Hofkapellmeister *Ernst von Schuch*, der vor drei Jahren die außerordentlich erfolgreiche ›Salome‹-Premiere dirigiert hatte, die freudige Mitteilung machen: ›Elektra‹ ist fertig und der Schluß saftig geworden! Die Hauptrolle muß nun auf jeden Fall von der allerhochdramatischsten Sängerin gegeben werden, über die Sie verfügen ...« Später äußerte der Komponist mehrmals, er sei

Die Dresdner Hofoper,
der berühmte Semper-Bau,
Uraufführungsstätte von acht Strauss-Opern,
darunter »Elektra«.

überaus gespannt, das »Elektra«-Orchester zum ersten Mal zu hören. Es ist für jeden Komponisten ein erregendes Erlebnis, in die Wirklichkeit umgesetzt jenen Klang zu vernehmen, den er am stillen Schreibtisch aus seiner Phantasie aufs Papier gezaubert hat. Überraschungen zeigen sich da selbst bei den routiniertesten Orchestertechnikern. Um wieviel mehr bei Werken des 20. Jahrhunderts, das die »Instrumentation«, die »Orchestrierung« nicht mehr zu den von vornherein gegebenen Bestandteilen der Musik zählt, sondern als selbständig wichtigen Bestandteil der Komposition, wie Melodie, Harmonie, Rhythmus. Und wie erst *Strauss*, der in der »Elektra«-Partitur eine Fülle neuer klanglicher Züge und Überraschungen eingeführt hatte, von denen selbst er, der vollendete Kapellmeister und Orchesterchef, nicht ganz genau wissen konnte, wie sie klingen würden. Diese Partitur wurde zum Studienobjekt mehrerer Generationen.

Uraufführung der »Elektra« (Dresden 1909):
Anni Krull als Elektra (rechts) und Ernestine Schumann-Heink als
Klytämnestra (mit Stab).

Am 25. Januar 1909 erfolgte die mit höchstem Interesse erwartete Premiere der »Elektra« in Dresden. Die dramatischste aller »hochdramatischen« Sopranistinnen der Hofoper, *Anni Krull*, sang die Titelrolle; ihre Mutter Klytämnestra, eine äußerst schwierige Mezzosopran-Partie, die eine geradezu unheimliche Charakterisierungskunst erfordert, war *Ernestine Schumann-*

Heinck anvertraut, die lyrische Rolle der Schwester Chrysothemis *Margarethe Siems*. Der erste Orest war der Bariton *Karl Perron*, der erste Aegisth, ein Charaktertenor, *Johannes Sembach*. Vielleicht war die Spannung im Publikum zu groß, vielleicht waren die Sänger zu nervös, um Spitzenleistungen vollbringen zu können, oder sie waren möglicherweise mit Rollen konfrontiert, die allzu hohe Anforderungen an sie stellten, da es sich bei diesen um gänzlich Neues handelte. Der Erfolg war wesentlich schwächer als vier Jahre zuvor bei »Salome«. Vielleicht war die Musik einfach »zu schwer« für ein damaliges Hoftheater-Publikum, das niemals solchem Modernismus ausgesetzt worden war. Doch es dauerte nicht lange, bis die Qualitäten des Werks immer klarer zu Tage traten und den bald folgenden Erstaufführungen in München, Frankfurt, Berlin, Wien und vielen anderen Städten des gesamten Europa und bald auch Amerikas die gebührende Bewunderung verschafften. Die größten »Hochdramatischen« des Jahrhunderts versuchten sich an der gefürchteten Titelrolle, die an physischem Kraftaufwand, an psychologischer Durchdringung, an stimmlichem Glanz, an schauspielerischen Fähigkeiten kaum ihresgleichen hat. Hier hat *Richard Strauss Wagners* Anforderungen, wie Isolde, Brünnhilde, Kundry sie stellen, erreicht, sogar übertroffen: seine Salome, seine Elektra verlangten eine neue Generation von Sängerinnen, die es erst im Laufe des Jahrhunderts zu geben begann.

Inhaltserzählung

Mit voller Absicht heißt dieses Kapitel nicht »Inhaltsangabe«, sondern (wie schon in früheren Bänden dieser Reihe) »Inhaltserzählung«. Es ist heute selbstverständlich, daß der Opernfreund in den Programmheften seines Theaters (und in «Opernführern«) einen »nackten«, sachlichen, das rein Äußerliche schildern den Handlungsablauf des Werkes findet. Ist das aber wirklich »das Werk«? Fehlt da nicht gerade das Wichtigste, das Klima, die Atmosphäre, die Stimmung, das Gedankliche, das den Text erst richtig sinnvoll, spannungsreich, zum Erlebnis gestalten kann? Wir sind der Meinung, dem Hörer, der sich wirklich auf einen Opernabend, auf eine Rundfunk-, TV- oder Schallplattenwiedergabe vorbereiten, »einstimmen« möchte, solle das Werk in einer möglichst allumfassenden Version nahegebracht werden. Das könnte etwa so sein, wie die folgenden Seiten es versuchen. Für den »eiligen« Hörer hingegen sind die darauf folgenden Seiten bestimmt: da erfährt er rasch, rasch, was »vorgeht«. Manchem mag es genügen: doch die Frage bleibt offen, ob das ein »echter« Opernliebhaber ist ...

Langsam fällt der Abend über den trostlosen Hinterhof des Königspalastes von Mykene. Einmal lebte wohl auch in diesem Winkel der Frohsinn, doch die abblätternden Wände an der schmucklosen Front des Gebäudes deuten auf einen langen Niedergang. Es muß lange her sein, seit der stolze, prächtige Herr des Hauses, Agamemnon, einer der mächtigsten Fürsten in den hundertfältigen Landschaften Griechenlands hier herrschte, glücklich an der Seite seiner jungen Frau Klytämnestra und im Kreise seiner vier fröhlich heranwachsenden Kinder Iphigenie, Elektra, Chrysothemis und Orest. Viel Unglück ist seither über das Schloß und seine Bewohner gekommen, nun liegt es wie ein Fluch über allem, läßt keine Freude, kein freies Lachen mehr aufkommen. Stumm verrichtet die Dienerschaft ihre tägliche Pflicht, mit Wehmut gedenken die älteren noch ihres einstigen Herrn und dessen kindlichen, zum späteren Nachfolger bestimmten sonnigen Sohnes Orest, den seines offenen, gewinnenden Wesens wegen alle in ihr Herz geschlossen hatten.
Mitten in diese glücklichen Tage fiel die Nachricht, der Trojaner Paris habe die »schöne Helena«, die Gattin des Menelaus ent-

führt –, geraubt, wie verbreitet wurde. Agamemnon, der angesehenste der Fürsten des Landes und unbestritten ihr Anführer, rief zum Kampf, den Schimpf zu rächen, den Frevler zu verfolgen und die Geraubte aus der fernen, jenseits des Meeres gelegenen großen Stadt Troja heimzuholen. Alle Fürsten kamen mit ihrer besten Streitmacht in Aulis zusammen, wo eine mächtige Flotte vor Anker lag. Doch was wie ein leichtes Unternehmen aussah, stand von Anfang an unter einem Unstern. Die Götter schienen sich der Fahrt zu widersetzen. Der Oberpriester Kalchas enträtselte schließlich ihren Willen: Artemis verweigerte das Auslaufen der Flotte durch völlige Windstille. Nur ein Opfer Agamemnons könne die Göttin versöhnen; denn er sei der Schuldige, der im Heiligen Hain ein ihr besonders liebgewordenes Wild erlegt hatte. Deshalb forderte sie seine eigene Tochter Iphigenie zur Sühne und Versöhnung. Diese reiste mit ihrer Mutter nach Aulis, unkundig ihres tragischen Geschicks; ja sogar in der Meinung, sie würde in der Hafenstadt, wie der Vater andeutete, dem allseits bewunderten Helden Achilles vermählt werden. Klytämnestra brach in Jammer aus, als sie das wahre Los ihrer Tochter erfuhr; die Göttin rettete das Mädchen im letzten Augenblick und versetzte es nach Tauris, von wo es nicht wieder nach Hause zurückkehrte, bis Jahre später der Bruder Orest es holte. In Klytämnestras Herzen aber ging ein Wandel vor sich. Sie konnte nicht verstehen, wie ein Mann – und sei es um eines siegreichen Feldzugs willen – sein eigenes Kind töten könnte.

Der Krieg von Troja zog sich in die Länge, die griechischen Heerführer waren seiner längst müde und bereit, die sinnlos erscheinende Belagerung der Stadt aufzuheben, heimzufahren nach zehn Jahren nutzlosen Kämpfens und Wartens. Da schlug Odysseus – den »listenreichen« nennt ihn *Homer*, der gewaltige Epiker alter Zeiten – eine Finte vor: zum Schein abzuziehen, die Schiffe außer Sehweite der Belagerten zu steuern, auf dem Strand aber ein hölzernes Pferd zurückzulassen, das die Trojaner gewiß als Siegestrophäe in ihre Mauern ziehen würden, dem aber bei Nacht die Stärksten der Griechen entsteigen sollten, um die Stadt von innen her zu erobern. Der Plan gelang, Troja fiel, die Griechen richteten ein entsetzliches Blutbad an.

Agamemnon führte als Beute eine Trojanerin mit sich, Kassandra, die Prophetin, die den Untergang ihrer Stadt vorausgesehen hatte, ohne Gehör bei ihren Landsleuten zu finden. Zehn Jahre waren vergangen, seit Agamemnon aus Mykene fortgezogen war, zehn Jahre, seit er seine älteste Tochter Iphigenie zu opfern bereit gewesen war. Der trauernden Klytämnestra, die ihr Kind tot wähnte, nahm sich im Laufe der langen, schmerzlichen Einsamkeit Aegisth an, ein verwandter Fürst. Als kaum mit der Heimkehr des Königs zu rechnen war, heirateten Klytämnestra und Aegisth, doch die Diener des Palastes, die Mägde, die Landleute der Umgebung verachteten den neuen Herrn, hielten ihn für einen berechnenden Nutznießer.

Da kehrte, gänzlich unerwartet, Agamemnon heim. In einem langen Bad wusch er den Staub von zehn Jahren, von langer Reise ab: aber in diesem ersten Bad in seiner Heimat überfielen ihn Klytämnestra und Aegisth, mit einem Beil erschlugen sie ihn und, wie es heißt, auch Kassandra. Die Bluttat an Agamemnon ist der Ausgangspunkt der Oper, wenn sie nun auch schon viele Jahre zurückliegt.

Elektra, das jetzt älteste der Königskinder, nahm die Geschehnisse in unbeschreiblicher, wenn auch noch jungmädchenhafter Erregung in sich auf. Das Entsetzen wuchs in ihr von Tag zu Tag. Sie meinte den Vater mit offener, blutender Wunde an der Stirn Tag und Nacht zu erblicken. Gegen die Mutter und ihren Lebensgefährten wuchs ein unbeschreiblicher Haß in ihr. In dumpfer Vorahnung konnte sie nur zwei Dinge tun: das Beil vergraben, mit dem der Vater erschlagen worden war, und den kleineren Bruder Orest fortschicken, damit nicht auch ihn die von wachsender Angst getriebene Mörderhand der Mutter träfe. Eines Tages sollte Orest heimkehren und die Bluttat rächen: das wurde zu Elektras täglichem Gebet an die Götter.

Einige Mägde des Hauses, mit einer Aufseherin an der Spitze, überqueren den Hof, in dessen Brunnen sie, wie täglich, Wäsche gewaschen haben. Sie blicken zu einem Winkel und wundern sich, daß heute dort nicht Elektra hockt, wo sie in den Abendstunden sonst stets zu kauern pflegt –, ein wildes Tier, das mit Menschen längst keinen Umgang mehr sucht. Sie machen sich über diese herabgekommene, fast gespenstische Erscheinung lustig, die daliegt und alle, die ihr zu nahe kommen, wie eine Katze anfaucht und sie zu vertreiben sucht, wenn ihr Gespött zu schmerzhaft wird. Elektra ist aus dem dunklen Hausschatten getreten und still in ihren Winkel gegangen, ohne auf die Mägde zu achten. Die spotten und schimpfen weiter, ihre Worte haben neben dem verächtlichen Ton eine uneingestandene Angst vor diesem fürchterlichen, entmenschten Wesen, wie sie es erleben. Nur eine von ihnen denkt und fühlt anders. Sie hat mit Elektra unendliches Mitleid: »Ist sie nicht ein Königskind und duldet solche Schmach?« Die Aufseherin schlägt sie, drängt sie zum Haus ab, aber der lange, tiefempfundene Gesang mildert tröstlich die grausame Szene des Hohns. Eine unter fünf Mägden ... eine mitfühlende Seele, die das abgrundtiefe Leid Elektras empfindet, als geschähe es ihr selbst. Sie wird von den anderen gezüchtigt, mitleidlos geschlagen: wie kann sie einen solchen Dämon verteidigen, ein solches gefährliches Untier noch einen Menschen nennen?

Die Haustür fällt ins Schloß, die Dämmerung schreitet unerbittlich fort. In ihrem Winkel, von letzten Tagesstrahlen ein wenig erleuchtet, liegt Elektra täglich an dieser Stelle, von der nur sie weiß, daß hier das Mordbeil vergraben liegt. Sie lebt längst nicht mehr im Palast, gilt längst nicht mehr als Glied der Familie, haust irgendwo, wo niemand sie aus ihren Gedanken reißt. Und die kreisen nur um Eines: um die Rache. Die Mutter, Aegisth, das Gesinde, alle fürchten sie, weichen ihr aus, halten sie für wahnsinnig, geben ihr nichts, erwarten nichts von ihr. Nur selten, dann und wann, wagt ihre Schwester Chrysothemis sich in ihre Nähe; die lebt im Palast, sucht sich mit den Mächtigen dort zu vertragen, sehnt sich nach einem Leben, das nur fern dem Schloß vorüberzuziehen scheint.

Nun ist Elektra allein geblieben auf dem dunkelnden Hof. Es ist die Stunde, in der sie Tag für Tag das Bild des Vaters heraufbeschwört. Elektras Monolog gewinnt monumentale Größe. Immer wieder ersteht vor der aus allem Menschlichen Verbannten das Bild Agamemnons. »Es ist die Stunde, unsre Stunde ist's, die Stunde, wo sie dich geschlachtet haben, dein Weib und der mit ihr in einem Bette, in deinem königlichen Bett schläft.« Dann rollt vor ihrem inneren Auge die Mordszene in allen Einzelheiten noch einmal ab. Die Tat hat sie selbst nicht gesehen, aber um so tiefer in sich aufgenommen. Die Musik unterstreicht mit oft krassem Realismus die visionäre Schilderung. Bis zu den gewaltigen Oktavschlägen: das Schicksal? Oder die Beilschläge, die tödlichen? Oder die kommende Rache? »Agamemnon! Vater! Ich will dich sehn, laß mich heute nicht allein!« Und langsam weicher werdend, die stählerne Härte fast unmerklich in Wärme wandelnd: »Nur so wie gestern, wie ein Schatten dort im Mauerwinkel, zeig dich deinem Kind!« Die Musik nimmt hier in wundervollem Übergang eine Wendung in höchsten lyrischen Ausdruck. Das hart pochende Agamemnon-Motiv tritt dann wieder in seine Rechte und führt den gewaltigen Monolog auf immer neue Höhepunkte: »... dein Tag wird kommen!« Und eine blutige Vision der Rachestunde steigt in dem verhärmten Geschöpf auf, apokalyptisch, von einer Orgie an Klang: »... und wir, wir, dein Blut, dein Sohn Orest und deine Töchter, wir drei, wenn alles dies vollbracht und Purpurgezelte aufgerichtet sind vom Dunst des Blutes, den die Sonne nach sich zieht, dann tanzen wir, dein Blut, rings um dein Grab ... Und über Leichen hin werd' ich das Knie hochheben Schritt um Schritt und die mich werden so tanzen sehn, ja, die meinen Schatten von weitem nur so werden tanzen sehn, die werden sagen: einem großen König wird hier ein großes Prunkfest angestellt ...«

Die erste Apotheose der Oper ist erreicht, Vision noch, unheimliche Vision ... Elektra wiegt sich, zunächst nach außen kaum merklich, im Triumph, im gewaltigen Tanzrhythmus, der nun allmählich abklingt.

Chrysothemis reißt ihre Schwester aus überirdischen Träumen. Elektra scheint den Einbruch des Alltags abwehren zu wollen, allein möchte sie sein, nichts als allein, nur mit ihren Träumen vom Tag der Rache. Doch Chrysothemis, jung, schön, hungrig nach dem ihr vorenthaltenen Leben, hat eine Last auf dem Herzen, die sie abschütteln muß: »Sie haben etwas Fürchterliches vor ...« Ruhig erwidert Elektra: »Die beiden Weiber?« Und setzt auf einen fragenden Blick ihrer Schwester fort: »Nun, meine Mutter und jenes andre Weib, die Memme, ei, Aegisth, der tapfre Meuchelmörder ...« In jedem ihrer Worte schwelt unauslöschlicher Haß. Chrysothemis kann sich nicht abweisen lassen und verrät: »Sie werfen dich in einen Turm ... ich weiß es, ich hab's gehört ...« »Wie hast denn du es hören können?«. »An der Tür, Elektra ...« Elektra bricht in Wut aus: »Mach keine Türen auf in diesem Haus! Gepreßter Atem, pfui! und Röcheln von Erwürgten, nichts andres gibt's in diesen Mauern ...« Nur Eines will sie

von der froheren, jüngeren Schwester: »... Wünsch' den Tod
und das Gericht herbei auf sie und ihn!«

Da lockern sich die Fesseln, die auch Chrysothemis' Herz
umkrallt halten, das zurückgestaute Liebessehnen bricht sich
Bahn: »Ich kann nicht sitzen und ins Dunkel starren, wie du. Ich
hab's wie Feuer in der Brust, es treibt mich immerfort herum im
Haus ... mir ist, als rief' es mich ... Ich habe solche Angst, mir
zittern die Knie bei Tag und Nacht ... ich kann nicht einmal weinen, wie Stein ist alles! Schwester, hab Erbarmen!« Eisig erwidert Elektra: »Mit wem?« »Du bist es, die mit Eisenklammern
mich an den Boden schmiedet. Wärst nicht du, sie ließen uns
hinaus. Wär' nicht dein Haß, dein schlafloses, unbändiges
Gemüt, vor dem sie zittern, ah, so ließen sie uns ja heraus aus
diesem Kerker, Schwester! Ich will heraus! Ich will nicht jede
Nacht bis an den Tod hier schlafen! Eh ich sterbe, will ich auch
leben!« Und in überwältigendem Gefühlsausbruch: »Kinder will
ich haben, bevor mein Leib verwelkt, und wär's ein Bauer, dem
sie mich geben, Kinder will ich ihm gebären und mit meinem
Leib sie wärmen in kalten Nächten ...« In tiefer Verachtung für
solchen Lebensdrang wirft Elektra einmal, beinahe leise, ein:
»Armes Geschöpf!« Chrysothemis hat sich ihr genähert, wirft
sich nieder: »Hab Mitleid mit dir selber und mit mir! Wem
frommt denn solche Qual? Der Vater, der ist tot, der Bruder
kommt nicht heim ... niemand kommt ... kein Bote von dem
Bruder ... draußen geht die Sonne auf und ab ... Nein, ich bin
ein Weib und will ein Weiberschicksal!«

Lange noch bebt im Orchester ihre aufgewühlte Erregung nach,
während sie noch einmal ihre Verzweiflung hinausschreit: »Viel
lieber tot als leben und nicht leben ...« Ungerührt hat Elektra
diesen Ausbruch angehört: »Was heulst du? Fort, hinein! Dort ist
dein Platz!«

Lärm aus dem Palast wird hörbar, Scharren wie von vielen
Schritten, Flüstern, das nicht laut wird. Höhnisch fragt Elektra
die gebrochene Schwester: »Stellen sie vielleicht für dich die
Hochzeit an?« Es klingt unheimlich, bedrohlich. Chrysothemis
lauscht voll Angst: »Geh fort, verkriech dich! Daß sie dich nicht
sieht. Stell dich ihr heut nicht in den Weg: sie schickt Tod aus
jedem Blick.Sie hat geträumt ... ich hab es von den Mägden
gehört: Sie sagen, daß sie von Orest geträumt hat, daß sie

191

geschrien hat wie einer schreit, den man erwürgt.« Der Tumult hinter den Mauern und Türen nimmt zu, kommt näher, Chrysothemis verstärkt ihr Flehen. Doch Elektra erwidert: »Ich habe eine Lust, mit meiner Mutter zu reden wie noch nie!«
Und die vielleicht großartigste Szene hebt an, die grausamste, die gespenstischste. In der aufspringenden Hoftür steht Klytämnestra, von Fackeln grell, unheimlich angestrahlt. Ihr verfallenes Gesicht ist von Schlaflosigkeit aufgedunsen, ihr verfallender, mühsam von vertrauten Dienerinnen gestützter Leib ist über und über mit Schmuck und Steinen behängt, die Dämonen abwehren sollen. Mit einem Wutausbruch erblickt sie Elektra, um gleich darauf in sich zusammenzusinken: »O Götter, warum liegt ihr so auf mir? Warum verwüstet ihr mich so? ...« Sehr ruhig läßt Elektra ihre Stimme ertönen: »Die Götter! Bist doch selber eine Göttin ...?«
Die Königin lauscht, als erlebe sie Unerhörtes. Ihre Begleiterinnen reden auf sie ein, warnen. Doch Klytämnestras fast abgestorbene Seele durchzieht es wie ein ferner Lichtstrahl: »Das klingt mir so bekannt. Und nur als hätt' ich's vergessen lang und lang ... Sie kennt mich gut ...« Da erwacht ihr Mißtrauen von neuem. Elektra spricht weiter –, wie lange haben Mutter und Tochter nicht mehr miteinander gesprochen?
Elektra ist es, die sich langsam nähert, fast könnte man sagen: wie ein Raubtier, das sich anschleicht. Und ebenso unauffällig wie bewußt, ja berechnend setzt sie ihre Worte: »Du bist nicht mehr du selber. Das Gewürm hängt immerfort um dich! « Klytämnestra hört mit höchster Verwunderung zu, reißt sich von ihren Begleiterinnen los und macht nicht ohne Mühe, auf ihren Stock gestützt, die wenigen Schritte zu Elektra hin. Aug' in Auge stehen sie einander nun nahe. Heftig wendet die Königin sich gegen ihre Vertrauten, denen sie Falschheit vorwirft, Doppelzüngigkeit, Berechnung; sie weist sie mit herrischer Gebärde in den Palast. Ganz allein will sie mit ihrer Tochter sprechen, von der sie in höchster Not Mittel erhofft gegen ihre Angstträume, gegen den wachsenden Druck ihrer Gedanken, gegen ihre fortschreitende Zerstörung. Sie denkt an Zauberriten, an Kräuter, an geheime Bräuche: »Wenn du nur wolltest, du könntest etwas sagen, was mir nützt ... Denn du bist klug. In deinem Kopf ist alles stark ...« Mit einer Offenheit, die sie Elektra

gegenüber nie gekannt, schildert sie in wachsender Panik ihren trostlosen Zustand bei Tag, ihre Alpträume bei Nacht –, eine gewaltige Szene, die nur mit höchster Charakterisierungskunst und schauspielerischer Kraft auf den Gipfel der Wirksamkeit gebracht werden kann. Rät die wissende Tochter vielleicht zu Opfern? Wer, was soll dargebracht werden den Göttern? »Ein jeder Dämon läßt von uns, sobald das rechte Blut geflossen ist …« Alles, alles, um nicht mehr so entsetzlich zu träumen, und gälte es Menschenleben und immer neue Menschenleben …

Elektra, mit unendlicher Überlegenheit vor diesem menschlichen Wrack, das ihrem keinen Augenblick versiegenden Haß kaum noch wie ein ebenbürtiger Gegner scheint, stimmt bedeutungsschwer zu: » Wenn das rechte Blutopfer unterm Beile fällt, dann träumst du nicht länger!« Gierig springt Klytämnestra auf diese Nachricht an: »… mit welchem geweihten Tier …?« »… Mit einem ungeweihten« sei das Opfer zu vollziehen. »Das drin gebunden liegt?«. »Nein, es läuft frei …« »Und was für Bräuche?« »Wunderbare Bräuche, und sehr genau zu üben«, kündet Elektra und sieht visionär die vom Beil zerfleischte Mutter vor sich, während diese auf ganz anderen Spuren tappt. Sie fragt immer unruhiger: »Den Namen sag' des Opfertiers!« »Ein Weib …« »Von meinen Dienerinnen eine, sag ein Kind, ein jungfräuliches Weib?« Und wie das Opfer? Und welche Stunde? Und wo? »An jedem Ort, zu jeder Stunde des Tags und der Nacht.« Immer unruhiger fragt die Königin nach den Bräuchen, die zu üben seien. Ob sie selbst das Opfer darbringen müsse? Elektra fühlt sich Siegerin. Nein, ein Mann müsse es darbringen. »Aegisth?« Elektra lacht, aber dieses ihr so ungemäße Lachen ist Hohn; sie hat in ihrem Stiefvater stets nur den Feigling, die Memme gesehen. Klytämnestra überhört es, sie will, sie muß Antwort haben, nichts bewegt sie sonst. »Vom Hause jemand? Oder muß ein Fremder herbei?« »Ja, ja, ein Fremder, aber freilich ist er vom Haus …« orakelt Elektra. Die Mutter versteht die Anspielung auf Orest nicht, zu sehr, zu gewaltsam hat sie jeden Gedanken an ihren Sohn verdrängt, den sie endgültig verbannt, am liebsten tot wähnt, obwohl die Furcht vor ihm immer noch unaufhörlich in ihr lebt. Sie will sich aufs Bitten verlegen, so riesengroß die Kluft zu Elektra auch sein mag. Da fragt diese unvermittelt: »Läßt du den Bruder nicht nach Hause, Mutter?«

»Von ihm zu reden hab' ich dir verboten ...« »So hast du Furcht vor ihm?« Wütend fährt die Königin auf. Warum sollte sie vor einem Schwachsinnigen Angst haben? Sie habe sichere Kunde, daß Orest nur stammle, im Hof bei den Hunden liege ... Elektra hält ihr entgegen, er sei gänzlich gesund gewesen, als er fortging. Hastiger beginnt Klytämnestra zu lügen: »Es heißt, sie gaben ihm schlechte Wohnung und Tiere des Hofes zur Gesellschaft ... Ich schickte viel Gold und wieder Gold, sie sollten ihn gut halten wie ein Königskind ...« »Du lügst! ... Du schicktest Gold, damit sie ihn erwürgen ...« Klytämnestra zuckt zusammen, Elektra geht zum Angriff über: Orest sei der Traum der Mutter, Orest ihre panische Furcht, Tag und Nacht nur Orest. Mit letzter Kraft richtet die Königin sich noch einmal auf. Ist nicht sie die Herrin mit Dienern und Wachen, die sie wohl beschützen könnten vor jedem Überfall? Und dieser unbotsamen Tochter die Geheimnisse entreißen, die sie freiwillig nicht preisgeben will. So oder so werde sie herausfinden, wer bluten muß, damit sie wieder ruhig schlafen könne. Doch Elektra erschrickt nicht; die Erniedrigte, Beleidigte richtet sich hoch auf und schreit der Mutter ihre Vision der Rache ins Gesicht. Das Bild, das sie malt vom Eindringen des Orest in den Palast, der atemlosen Flucht der Mutter, der siegessicheren Verfolgung bis zur Ausweglosigkeit des Opfers und dem Todesstreich, ist von unheimlicher, unerbittlicher Schärfe. Eine grauenhaftere Schilderung ist undenkbar. Die Minuten fließen atemlos wie Sekunden dahin, »in wilder Trunkenheit« Elektra –, »gräßlich atmend« Klytämnestra, dicht nebeneinander, während das hundertstimmige Orchester rast und tobt wie kaum je im bis dahin dreihundertjährigen Musiktheater.

Lichter kommen aus dem Haus, Dienerinnen laufen schnell, die Schleppträgerin, die Vertraute, flüstern der Königin etwas Ungeheures ins Ohr. Deren Miene verändert sich, geht aus Todesfurcht in Triumph über. Hohnlächelnd betrachtet sie ihre Tochter nun. In wahrem Siegestaumel, halb getragen von ihren Anhängerinnen, halb eilend, wie ihr Zustand es nur erlaubt, wendet sie sich dem Palast zu, droht Elektra noch einmal mit unmißverständlicher Gebärde und verschwindet hinter der sich rasch schließenden Tür.

Betäubt steht Elektra im Dunkel. Sie kann sich das Vorgefallene nicht erklären. Bange Augenblicke vergehen, dann wird Chrysothemis sichtbar, in verzweifeltem Lauf schreit sie der Schwester zu: »Orest! … Orest ist tot!« Elektra bleibt still, als horche sie in sich. Auf Chrysothemis' Beteuerungen, alle im Palast wüßten es schon, erwidert sie mit ehernem Gesicht: »Niemand weiß es … denn es ist nicht wahr …« Chrysothemis hingegen: die zwei Boten, die gekommen seien, es zu melden, ein Alter und ein Junger, hätten es immer wieder erzählen müssen … tot, tot in fremdem Land, von seinen eigenen Pferden zu Tode geschleift. Elektra, die mehrmals der Schwester mit immer stärkerer Stimme »Es ist nicht wahr!« entgegenschleudert, ist verstummt und geht in ihren finstern Winkel, langsam, wankenden und doch fest entschlossenen Schrittes. Sie nimmt nicht wahr, daß ein junger Diener Anweisung gibt, sofort ein Roß zu satteln, dem Herrn auf dem Felde Nachricht zu bringen, eine große wichtige Nachricht. In düsterer Entschlossenheit murmelt Elektra, zuerst wie zu sich selbst: »Nun muß es hier von uns geschehn …« Die Schwester, völlig zusammengebrochen, versteht sie nicht. »Wir! Wir beide müssen's tun …« Verwundert und ohne zu verstehen rückt Chrysothemis näher. Das Werk? Diese Nacht? Das Werk, das nun auf sie gefallen ist … nun da der rächende Bruder nicht mehr kommen kann … »Nun müssen du und ich hingehn und das Weib und ihren Mann erschlagen …« Entsetzt wendet die Junge sich ab: »Wir?, wir zwei mit unsern beiden Händen?« Chrysothemis erfährt, daß ihre Schwester seit Jahr und Tag das Beil vergraben hält, mit dem einst der Vater ermordet wurde. Chrysothemis kann es noch nicht fassen, will es nicht begreifen. Nun verlegt Elektra sich aufs Bitten, aufs Überzeugen: »… denn du bist stark!« Sie ergreift die Muskeln ihrer Schwester: so viel Kraft ist in ihr! Sehnen hat sie wie ein Füllen, schlank sind ihre Füße … Elektra wird sich zum ersten Mal der Stärke ihrer Schwester bewußt; nun muß sie diese Kraft gebrauchen, muß gemeinsam mit ihr diese Tat vollbringen, die getan werden muß, aus der es keinen Ausweg gibt. Doch Chrysothemis befreit sich aus der Umarmung der Schwester, fleht um Flucht aus diesem furchtbaren Hause. Doch Elektras Entschluß, seit Jahren gefaßt, wankt keinen Augenblick. Noch einmal sucht sie die Schwester zu überzeugen. Neue, weiche Töne entströmen ihrer nun völlig veränderten, von tiefem Gefühl durchbluteten Stimme: »Von jetzt an will ich deine Schwester sein, so wie ich niemals deine Schwester war! ...« Sie malt ein liebliches Bild von Brautschaft und glücklicher Zukunft. Chrysothemis wehrt traurig ab, die geplante Mordtat übersteigt ihre Vorstellung. Nur Eines will sie noch: fort, fort aus diesem Haus des Blutes und der Trauer. Elektra bittet auf Knien, niemand hat sie je so gesehen, es ist eine Hymne an die Schwester, die sie kaum je beachtet hat, nun aber braucht, um ihre Lebensaufgabe erfüllen zu können: die Rache. Der Weg hinaus? Es gibt nur diesen einen: über den Mord. Ein schmerzlicher, entsetzlicher Kampf tobt zwischen den Schwestern. Elektras Werben, Flehen, Fordern ist vergeblich. Die Schwester springt auf, entflieht. »Sei verflucht!« ist alles, was Elektra ihr nachruft.

»Nun denn, allein!« Elektra schickt sich an, die grausige Tat des Doppelmordes allein zu vollbringen. Hastig beginnt sie, den Boden zu lockern, mit den bloßen Händen zu graben. Fieberhaft arbeitet sie, blickt sich von Zeit zu Zeit um, ob niemand sie belausche. Alles bleibt still. Doch dann plötzlich fällt ein Schatten in den Hof. Im westlichen Torbogen steht ein Mann, die untergehende Sonne wirft ihren letzten Strahl auf eine hohe Gestalt. Elektra erbebt in panischem Schrecken: »Was willst du, fremder Mensch?«

Die ergreifendste Szene des Werkes hat eingesetzt. Feierlich und langsam fließen warmblütige Akkorde, wie ein Gruß aus einer anderen Welt, wärmend in den nüchternen, abweisenden Hof. »Ich muß hier warten«, ertönt des Fremden Stimme, sehr ruhig, sehr gefaßt, volltönend wie eine Verheißung. »Doch du bist hier aus dem Haus? bist eine von den Mägden dieses Hauses?«, fragt die Stimme, warm, tröstlich, seltsam vertraut. Elektra will nicht antworten, dann zwingt sie sich zur Abweisung: »Ja, ich diene hier im Haus ... Du aber hast hier nichts zu schaffen ... freu dich und geh!« Und wieder, wie eine ferne, tiefe Glocke: »Ich sagte dir: ich muß hier warten, bis sie mich rufen ...« Ihn rufen? Wer? Der Herr sei nicht zu Hause, und sie, was sollte sie mit ihm? Der Fremde lügt, geht es ihr durch den Kopf. Er solle nur ja nicht an diesem Platze stehen bleiben, sie zittert darum, das Beil noch rechtzeitig ausgraben zu können. Ruhig und sehr gefaßt, als berichte er von gleichgültigem Schicksal, erklärt der Fremde:

»Ich und noch einer, der mit mir ist, wir haben einen Auftrag an die Frau. Wir sind an sie geschickt, weil wir bezeugen können, daß ihr Sohn Orest gestorben ist vor unsren Augen ... Ich war so alt wie er und sein Gefährte bei Tag und Nacht.« Schmerzlich erwidert Elektra: »Muß ich dich noch sehn? Schleppst du dich hierher, in meinen traurigen Winkel, Herold des Unglücks! Kannst du nicht die Botschaft austrompeten dort, wo sie sich freun? ...« Über ihre Lippen kommen todestraurige Worte, sie bemerkt es vielleicht selbst nicht. »Laß den Orest ...« mahnt milde der Fremde, »er freute sich zu sehr an seinem Leben ...« Elektra bricht in bewegte Klage aus über das »Kind, das nie wieder kommt«, sie verwünscht sich selbst, die gerne an seiner Stelle wäre, wenn nur er wieder lebte ... Verwundert beobachtet der Fremde ihr verzweifeltes Schluchzen: »Wer bist denn du?« »Was kümmert's dich?« »Du mußt verwandtes Blut zu denen sein, die starben, Agamemnon und Orest.« »Verwandt? Ich bin dies Blut, das hündisch vergossene Blut des Königs Agamemnon. Elektra heiß' ich ...«, sie kann es nicht verschweigen, diesem seltsamen Fremden gegenüber bricht ihr Herz ohne Widerstand auf, einen Augenblick lang fühlt sie, wohl nach langer Zeit, wieder den Stolz, König Agamemnons Tochter zu sein. Bewegung ist plötzlich in den Fremden geraten: »Nein!«, aber er beherrscht sich schnell und ist ruhig wie zuvor. Doch er kann es nicht lange durchhalten. Seine Stimme zittert ein wenig vor Erregung, als er mehrmals, mit immer größerer Wärme ihren Namen wiederholt. Entsetzt dringt er in sie: wie furchtbar verändert findet er sie, hat man sie hungern lassen? Geschlagen? Furchtbar seien ihre Augen, hohl die Wangen! Warum, was ist geschehen?

Elektra wehrt ab, heißt ihn, in den Palast zu gehen, dort lebe ihre Schwester, die mehr übrig habe für Feste. Nun wird der Fremde drängend; »Elektra, hör' mich an, ich hab' nicht Zeit. Hör' zu ...« Und dann leise an ihrem Ohr: »Orestes lebt! Wenn du dich regst, verrätst du ihn ...« Noch zweifelt Elektra, was für ein Spiel spielt dieser Fremde? »Er ist unversehrt wie ich.«, ergänzt der Fremde auf Elektras ängstlich zweifelnde Fragen. Dann bricht sie aus: »So rett' ihn doch, bevor sie ihn erwürgen.« Und mit unbeschreiblicher Hoheit, mit Entschlossenheit und Würde der Fremde: »Bei meines Vaters Leichnam, dazu kam ich her!«

197

Wirre Gedanken rasen durch Elektras Kopf. Versteht sie ihn recht? »Wer bist du denn …?« Und nach langem Zögern abermals: »Wer bist du denn? Ich fürchte mich …« In den folgenden Satz haben Dichter und Komponist alle Kraft des innigen Ausdrucks gelegt, dessen sie in so hohem Maße fähig sind: »Die Hunde auf dem Hof erkennen mich – und meine Schwester nicht?« Ein gellender Aufschrei, rasend und doch von höchster Innigkeit: »Orest!« Dann keine Worte mehr, nur ein überschäumendes, wild aufgepeitschtes Orchester, ein langes, langes Toben der Klänge, die aus Elektras Brust hervorzustürzen scheinen …
Und ein immer leiseres Verebben, wie jede Wunde, die einmal zu schmerzen aufhört. Ganz leise dann Elektras von Schluchzen müde, fast tonlos gewordene Stimme: »Orest … Orest … Orest …« Und die erschütterndste Wiedersehensszene der Opernliteratur erreicht immer wieder neue Augenblicke tiefsten Erlebens: aufgewühltes menschliches Leid geht unmerklich in Glück, in Erlösung über.
Wie recht hatte *Strauss*, als er während des Komponierens immer neuen Text von *Hofmannsthal* verlangte! Und welche ergreifenden Worte fand der Dichter! »O laß deine Augen mich sehn, Traumbild, mir geschenktes Traumbild, schöner als alle Träume … Hehres, unbegreifliches, erhabenes Gesicht, o bleib' bei mir! Lös' nicht in Luft dich auf, vergeh' mir nicht, es sei denn, daß ich jetzt gleich sterben muß und du dich anzeigst und mich holen kommst, dann sterb ich seliger als ich gelebt …«
Zwei durch ein grausames Schicksal in ihrer Kindheit getrennte Geschwister haben einander wiedergefunden. Und sind wieder vereinigt in einem beherrschenden Gedanken, der ihrer beider ganzes Sein und Fühlen erfüllt: die Rache. Orest, tief bewegt, will Elektra in die Arme schließen, aber sie schreckt zurück: in diesem jämmerlichen Aufzug, abgerissen, verwahrlost, elend, so soll der Bruder sie nicht umarmen: »Ich bin nur mehr der Leichnam deiner Schwester …« Doch der Jüngling betrachtet Elektra in inniger Zuneigung. Und die scheint aufzublühen unter seinen Blicken. Die folgende Szene scheint, bei aller Hochachtung vor den Autoren, ein wenig zu weitschweifig geraten zu sein. Zwar enthält sie dichterisch viel Schönes in Elektras bebender Schilderung ihrer Schmach und Erniedrigung, Schönes auch in der Musik, aber die Zeit drängt doch wohl zu sehr für solche aus-

führlichen Schilderungen, die Tat muß getan werden, und das geschwisterliche Zusammensein kann jeden Augenblick gestört und damit die geplante Rache verhindert werden. Das überlange Zwiegespräch erklärt allerdings, daß Elektra im Übermaß ihrer schmerzlichen Erinnerungen vergißt, dem Bruder das sorgsam gehütete, für diese Stunde aufbewahrte Mordbeil zu übergeben. Endlich steht die Tat wieder unverrückbar vor ihnen: »Du wirst es tun? Allein?« »Die diese Tat mir auferlegt, die Götter, werden da sein, mir zu helfen …« Text und Musik werden hymnisch: »Ich will es tun! Ich will es eilig tun!« »Der ist selig, der seine Tat zu tun kommt, selig der, der ihn ersehnt, selig, der ihn erschaut! Selig, wer ihn erkennt, selig, wer ihn berührt. Selig, wer ihm das Beil aus der Erde gräbt, selig, wer ihm die Fackel hält, selig, selig, wer ihm öffnet die Tür …«
Aber Elektra findet keine Zeit mehr, das Beil aus dem Boden zu graben. Der alte Pfleger, Orests Begleiter und Mentor, steht plötzlich neben ihnen, mahnt sie zur Stille, um die Wahrheit nur ja nicht bekannt werden zu lassen. Klytämnestra hat bereits Dienerinnen ausgeschickt, den Fremden mit der glückhaften Botschaft in den Palast zu holen. Es ist höchste Zeit, die Tat ruft. Lichter werden sichtbar, flackern auf, werfen gespenstische Schatten in den Hof. Elektra hat sich ins Dunkel geflüchtet. Die beiden Männer treten entschlossen in den Lichtschein, gehen gemessenen Schrittes in den Palast, dessen Tür sich sofort hinter ihnen schließt.
Elektra, in rasender Hast, tritt an die Tür, lauscht mit zurückgehaltenem Atem: Wird sie es hören? In wirren Gedanken folgt sie jedem vorgestellten Schritt des Bruders … nun ist er bei ihr, bei der verhaßten Mutter … Packt er sie sofort, schlingt er seine Fäuste um ihren verwelkten Hals …? Da stürzt ein schrecklicher Einfall in ihre Seele: »Ich habe ihm das Beil nicht geben können! Es sind keine Götter im Himmel …« Die Musik drückt wildrasende Erregung aus, lange Zeit ist nichts zu hören außer dem jagenden, zum Wahnsinn aufgepeitschten Orchester. Da, nach nicht endendem Warten, der erlösende Schrei, der Todesschrei Klytämnestras. Gräßlich durchschneidet er die Nacht, genau so wie Elektra ihn sich tausendmal vorgestellt hat. Mit ganzer Kraft ruft sie dem Bruder im Haus gellend nach: »Triff noch einmal!« Und dann ein zweiter, verröchelnder Schrei der

Königin, Atempausen im Orchester, starr steht Elektra, an die Wand gepreßt, wie bewußtlos, die grausige Tat ist getan. Chrysothemis kommt gelaufen, verängstigt von den Schreien, Dienerinnen folgen ihr, angstvoll bebend. Zitternd wollen sie ins Haus, doch Elektra steht wie ein Todesengel vor der Tür. Die Mägde flehen sie an, den Eingang freizugeben. Im Schein einer kleinen Leuchte wird Aegisth, der von den Feldern heimkehrt, sichtbar. Die Angst der Frauen verdoppelt sich: wenn im Hause etwas geschah, und das scheint sicher, so würde Aegisth sie alle töten lassen … Elektra, die ihn kommen gesehen hat, ergreift eine Fackel, läuft ihm entgegen und leuchtet auf seinen Weg über den Hof. Er erschrickt zuerst, sieht nur eine unheimliche Gestalt. Elektra völlig umgewandelt, spricht ihn an: »Darf ich nicht leuchten?« Aegisth erkennt sie: »Nun, dich geht die Neuigkeit ja doch vor Allen an …« Elektra vor ihm hergehend, fast tänzelnd, geleitet den zutiefst gehaßten und verachteten Stiefvater über den dunklen Hof, seinem Schicksal zu, das sie allein kennt. Er fragt mit unüberhörbarer Erleichterung wo »die fremden Männer, die das von Orest uns melden …« sich befänden. Elektra geht sicher zum ersten Mal im Leben auf seinen Ton ein: »Drinnen. Eine liebe Wirtin fanden sie vor …« Aegisth will sich nochmals vergewissern: »Sie melden also wirklich, daß er gestorben ist, und melden so, daß nicht zu zweifeln ist?« Und die völlig verwandelte Stieftochter, geschmeidig nun, unterwürfig wie nie zuvor, lügt genußvoll, wie sie es nie getan hat: »O Herr! sie melden's nicht mit Worten bloß, nein, mit leibhaftigen Zeichen, an denen auch kein Zweifel möglich ist …« Sogar Aegisth, der Ersehntes hört, fällt der Wandel auf, den Elektra, die stets mit Grauen gefürchtete Stieftochter, durchgemacht hat. Und Elektra lügt abermals, beinahe freudig: das Opfer geht hinter ihr her, in die sichere Todesfalle: »Es ist nichts anderes«, antwortet sie auf seine verwunderte Frage, »als daß ich endlich klug ward und zu denen mich halte, die die Stärkeren sind …« An der Türe zaudert er einen Augenblick, bevor er eintritt, sieht fremde Gestalten im Hintergrund: »Die sind's, die in Person dir aufzuwarten wünschen, Herr …«
Und das Schicksal nimmt seinen Lauf. Wie leises unheimliches Geraune schleicht es durch das Orchester, bis Aegisth an einem Fenster die Hilfeschreie ausstoßen kann: »Helft dem Herren!

Mörder! Mörder! ... Sie morden mich!« Doch nichts regt sich rundum und im Palast selbst scheint der blutige Kampf zwischen den Dienern des Aegisth und Orests Anhängern unter den alten Bediensteten des Hauses mit dem Sieg dieser zu Ende gegangen zu sein. Nahe dem geschlossenen Tor lauert, am ganzen Leibe zitternd, Elektra im Dunkel wie ein Raubtier, das seine Beute in eine Grube fallen sieht, die ihr Ende bedeutet. Und auf Aegisths letzten Verzweiflungsschrei: »Hört mich niemand?« antwortet sie mit furchtbarer Triumphstimme: »Agamemnon hört dich!«

Alles ist vorbei. Unruhe entsteht, Fackeln erleuchten den Hof, den Palast, gespenstisch in den ersten Augenblicken, immer klarer allmählich, Chrysothemis und zahlreiche Dienerinnen schwirren wie aufgescheuchte Vögel umher. »Elektra, Schwester, komm ...!« ruft Chrysothemis, kaum ihrer mächtig, jubelnd und entsetzt zugleich. Nun hallt es durch den Palast: »Orest! Orest! Orest!«, wie der Name eines Siegers von einer Menge gejubelt wird.

Atemlos berichtet Chrysothemis der schweigenden Schwester im Hof: den kurzen Kampf im Haus, in dem Aegisths und Klytämnestras Anhänger schnell von der überwältigenden Zahl derer, die sie gehaßt, niedergemacht werden, wie alte Bedienstete sich Orest zu Füßen werfen, ihm unter Freudentränen zu huldigen, wie alle den jungen strahlenden neuen Herrn umjubeln, der das Erbe seines Vaters anzutreten kam. »Alle umarmen sich und jauchzen, tausend Fackeln sind angezündet ...«, berichtet Chrysothemis atemlos, ihr Leben beginnt in dieser Stunde.

Unbeweglich kauert Elektra nun auf den Stufen zum Palast, ganz in sich gekehrt. »Ob ich nicht höre? Ob ich die Musik nicht höre?«, fragt sie endlich ihre rasende Schwester in seltsamer Ruhe. Die jubelnde Musik? »Sie kommt doch aus mir ...«

Der letzte Teil beginnt, die Tragödie ist zu Ende, die Apotheose setzt ein. Langsam erhebt sich Elektra, hört noch der Schwester Stimme vom unsagbaren Triumph berichten, vom Bruder, der nun auf Händen durch den Palast seiner Väter getragen wird. Elektra drängt sich nicht, alles nun leiblich zu sehen, wovon sie in tausend qualvollen, einsamen und doch zuversichtlichen Nächten geträumt hat, sie weiß, sie fühlt, sie sieht alles aus ihrem düsteren Winkel, der keine Sicht bietet aufs Leben und doch jetzt, in dieser Stunde, der wahre Mittelpunkt der Welt zu

»Klassische« Inszenierung der »Elektra« in der Pariser Oper.

sein scheint. Sie reißt ihren Körper in den triumphalen, den tän-
zerischen Rhythmus des überwältigenden Orchesters hinein und
tanzt sich nun immer gelöster, immer rasender in die weltverges-
sene Ekstase, an deren Schluß nur der Tod stehen kann …

Gedanken zu »Elektra«

1. Einem Menschen war Furchtbares angetan worden. Und in ihm keimte der Gedanke an Rache, wurde riesengroß, so daß er schließlich alle anderen Lebensgefühle erdrückte, wurde zum furchtbaren Wahn, dem Verfolgungswahn, der ihn Tag und Nacht beherrschte. Elektra hatte, wohl als halbwüchsiges Mädchen, den Mord an ihrem Vater miterlebt, den die Mutter Klytämnestra mit einem Helfer, dem inzwischen zum Stiefvater gewordenen Verwandten Aegisth, verübt hatte, als der aus dem zehnjährigen Trojanischen Krieg als Held und Sieger heimkehrende König von Mykene während des erholsamen Bades mit einem Beil erschlagen worden war. Das junge Geschöpf hatte diesen Vater glühend verehrt, seiner Heimkehr entgegengezittert, sich ihm in die weitgeöffneten Arme gestürzt, als er endlich den heimatlichen Palast wieder betreten hatte, jubelnd und ehrfürchtig zugleich begrüßt von dem zahlreichen Gesinde.

   Elektra sah von dieser Stunde des Mordes an nur das blutige Haupt des vergötterten Vaters –, sah sie es wirklich oder bildete sie sich ein wenig später ein, es gesehen zu haben? Ihr Haß wuchs unaufhaltsam, er nahm bald ihr gesamtes Denken und Fühlen ein. Aus dem Palast holte sie eine Waffe. War es das Mordbeil, zu dem ihre Phantasie es erhob? Sie vergrub es heimlich des Nachts im düsteren Hinterhof und verbrachte mehr und immer mehr ihre Tage in diesem Winkel, in dem sie nahezu niemand sah. Nur die Mägde zogen vorbei, wenn sie zum Wäschewaschen im nahen Brunnen über den Hof gingen. Elektra warf ihnen böse Blicke zu, hätte sie am liebsten vertrieben von der Stätte, die für sie eine höhere Weihe empfangen hatte. Die Mägde spotteten, schimpften, wenn sie die haßerfüllten Blicke auf sich ruhen fühlten.

2. Mutter und Tochter hatten aufgehört, einander zu begegnen. Klytämnestra alterte schnell, litt unter quälenden Visionen und Träumen, fand keine Ruhe mehr, denn im Stillen dachte sie an den fortgeschickten Sohn Orest, den sie im Kindesalter einem fernlebenden Hirten mitgegeben hatte. Ihre Anweisung lautete, ihn in Unkenntnis seiner Herkunft auf-

zuziehen oder, besser noch, zu töten. Oder hat, wie die griechische Sage berichtet, Elektra ihren Bruder Orest gerettet, ihn nach Phokis zu Strophios geschickt, wo er mit dessen Sohn Pylades erzogen wurde? Orest erfüllte Klytämnestras Gedanken – nicht die Sehnsucht nach dem einzigen Sohn, sondern die Angst, die Todesangst, er könnte eines Tages als Rächer seines Vaters wiederkommen. Doch er bleibt über lange Zeit verschollen. Sollte er wirklich tot sein? Manchmal wagte Klytämnestra aufzuatmen.

3. Als in Elektra das Denken erwacht, sind alle Spuren von des Vaters Schwächen längst getilgt, wenn sie überhaupt je in ihr Bewußtsein gedrungen waren. Rein, makellos, groß stand Agamemnons Bild vor ihrer Seele. Und darum haßte sie ihre Mutter und deren Gefährten so tief, so abgrundtief. Wußte sie nicht oder hatte sie vergessen, verdrängt, daß Agamemnon, der »Held von Troja« ihre eigene Schwester Iphigenie, sein eigenes Fleisch und Blut, zu opfern bereit gewesen war, um dafür günstige Segelwinde nach Trojas Küste einzuhandeln? Wußte sie nicht oder hatte sie vergessen, verdrängt, daß der Sieger von Troja mit einer Geliebten heimgekehrt war, mit der düsteren Kassandra, die er aus der besiegten Stadt als Kriegsbeute mit sich heimnahm und die wahrscheinlich ebenfalls dem Beil der Mörder zum Opfer gefallen war?

Die griechischen Mythen sind kein moderner Justizprozeß. Heute hätte ein Verteidiger Klytämnestras zweifellos gewichtiges Material, um zum mindesten auf »mildernde Umstände« zu plädieren. In Elektras Bewußtsein aber lautet das Urteil: Tod. Tod durch die gleiche Waffe, mit der des Vaters Tod herbeigeführt worden war.

4. Von den mehreren Fassungen, in welchen die Tragödie im Atridenpalast zu Mykene überliefert ist, hat der Librettist *Hofmannsthal* diejenige des großen Dramatikers *Sophokles*, der von 496–406 v. Chr. lebte, ausgewählt. Und hat diese in vielen Punkten noch bedeutsam verändert, vertieft, neuzeitlicher motiviert. Er hat, und das ist wichtig, seine »Elektra« keineswegs als Libretto geschaffen, sondern dabei nur an eine Bühnendichtung gedacht. Das Schicksal wollte es anders. *Strauss* sah das Bühnenwerk und, so wie es ihm drei

Jahre zuvor bei *Oscar Wildes* »Salome« ergangen war, hörte er unmittelbar überwältigende Musik in seinem Innern erklingen. Er komponiert »Elektra«, und wieder wurde es eine »Literaturoper« –, eine Oper, die die textliche Vorlage wörtlich in Musik umsetzt – und wieder ein epochaler Erfolg. Und der Beginn der heute schon legendären Zusammenarbeit eines großen Komponisten mit einem großen Dichter …

5. Seit es die »Oper« gibt (es sind gerade vier Jahrhunderte), bildet das Verhältnis zwischen Text und Musik ihr Hauptproblem. Ihre Gründergeneration, die nach manchen Experimenten in *Claudio Monteverdi* gipfelte, träumte vom »Gleichgewicht« der Künste: Dichtung und Musik, zwei selbständige Künste mit eigenen Gesetzen, sollten einander als gleichwertige, gleichberechtigte Partner treffen. *Monteverdis* »Orfeo« (1607) erfüllte diese Forderung wahrhaftig. Der Sinn der Dichtung (von *Ottavio Rinuccini*) wußte sich ohne weiteres durchzusetzen, die poetischen Schönheiten wurden mühelos klar, aber in anderen Augenblicken dominierte die Macht der Musik. Ein der hohen griechischen Kunst ebenbürtiges Werk war geschaffen. Und immer wieder geht es durch die Jahrhunderte dahin, solches zu erreichen. Die (wenigen) Meisterwerke, denen dies gelang, (was sind wenige Dutzend gegenüber den 60.000 Opern der Geschichte?) seien hier nicht aufgezählt, um Diskussionen zu vermeiden. Unter den Autoren gehören *Purcell*, *Gluck*, *Mozart*, *Wagner*, *Bizet*, *Massenet*, *Puccini* mit ziemlicher Sicherheit in eine solche Liste. Und eben *Strauss*. Die stärkste Einheit von Drama und Musik erreicht er in »Salome« und in »Elektra«. In beiden Fällen war der gewaltige Musiker auf bedeutende Dichter gestoßen: zuerst auf *Oscar Wilde*, und dann auf *Hugo von Hofmannsthal.*

6. In beiden Fällen wurden es unvergängliche Werke –, soweit man bei menschlichen Schöpfungen von »unvergänglich« sprechen kann. Beide gehen ihrem ersten hundertjährigen Geburtstag entgegen: »Salome« 2005, »Elektra« 2009. Ihrer beider Lebenskurven zeigen die gleiche interessante Entwicklung: Sie zeigen aufwärts, weisen 1960 mehr Aufführungen aus als 1950, 1980 mehr als 1970. Hierzu mag der Abbau des Vorurteils beitragen, beide Werke seien ihrer

Schwierigkeit wegen überhaupt nur »großen« Bühnen zugänglich. Unsere Zeit beweist, daß dies keineswegs so ist. Die Hauptschwierigkeit ist nicht in erster Linie den Problemen der Gesangssolisten zuzuschreiben, sondern der Qualität des Orchesters, das hier vor ungewöhnliche Aufgaben gestellt wird. Natürlich ist es nicht leicht, eine hervorragende Salome, eine völlig »rollendeckende« Elektra zu finden. Aber in der heutigen Opernwelt genügt es, je ein Dutzend solcher »Spezialistinnen« zu haben, die dann diese Partie weltweit unter sich aufteilen … Sicher kann man von diesem »System« keineswegs angetan oder gar begeistert sein, aber es ist im Augenblick einfach nicht zu ändern.

Eine starke Elektra muß eine ungewöhnliche Ausstrahlung besitzen. Kann einer Salome mancher äußere Zug zu Hilfe kommen: Schönheit, sexuelles Charisma, lustvolles Spiel mit der Verführung –, bei Elektra fällt dies alles fort. Grau, düster gewandet, unscheinbar, vielleicht häßlich geworden. So muß sie die Bühne beherrschen, muß Furcht, Schrecken, aber auch tiefes Mitleid um sich verbreiten, den verzweifelten Eindruck einer tragischen Gestalt erwecken, muß nahezu unmenschlich wirken in ihrem unendlichen Haß. Mit der einzigen Ausnahme des Augenblicks, in den *Hofmannsthal* seine großartige poetische Gabe gelegt hat, im Wiedererkennen des Bruders. Im Übergang aus schmerzlichster Verzweiflung in den erlösenden Schrei »Orest!« liegt das Erschütterndste, was große Dichtung und große Musik dem empfindsamen Menschen bieten können.

7. Mehr noch als »Salome« hat »Elektra« nahezu lauter »Hauptrollen«.
Die der von den Rachegöttern gejagten Klytämnestra gibt an Schwierigkeiten jeder Art der Titelrolle kaum etwas nach. Sie muß dem Publikum Schauer über den Körper jagen, muß eine restlos Verlorene spielen bis zu jenem Augenblick, in dem sie die – falsche – Nachricht vom Tod ihres Sohnes Orest erhält. So wenig menschlich ihr Elend zuvor ist, so unmenschlich wird ihr Triumph, der diese Szene abschließt. Man unterschätze Chrysothemis nicht; dieses helle Gegenstück zur düsteren Elektra ist, obwohl durch eine warme, schöne lyrische Sopranstimme charakterisiert, ebenfalls eine

Astrid Varnay als Klytämnestra, eine ihrer Glanzrollen, in der
Bayerischen Staatsoper, München.
(Inszenierung Günther Rennert, Dirigent Wolfgang Sawallisch)

Verzweifelte. Nur daß ihre Verzweiflung die am einfachsten zu fassende ist; dazu bedarf es keiner Psychologie. Sehnsucht nach ein wenig Freude in einem freudlosen Dasein, Sehnsucht nach Wärme und Liebe, wo nur Haß, Kälte, Angst sie umgibt –, wie menschlich, wie natürlich ist das! Doch die Rolle beinhaltet mehr: Sie stellt die »andere Seite« dar, jene im Grunde eher Gleichgültigen, die nur an eigenes Glück, eigenes Wohlergehen denken können. Elektras Tragik liegt ihr völlig fern; könnte sich die störrische Schwester nicht zu einem Ausgleich mit den Machthabern, der Mutter und Aegisth, bequemen? Die wären ja selbst froh über eine solche Annäherung … Chrysothemis versteht es nicht, warum ein so einfacher, natürlicher Weg nicht begangen wird. Auf wieviele Situationen des Lebens ließe sich dies anwenden! Ein klein wenig »Vergessen-Können«, und vieles wäre in Ordnung …

Zu denen, die nicht vergessen können, gehört Orest. Sein Auftritt in dieser Oper ist von entscheidender Wichtigkeit, »groß« in jeder Hinsicht. Von edler Stimme soll er getragen sein, würdiger, aber tiefmenschlicher Haltung und starker Ausstrahlung. Er muß dem Hörer lange noch in der Erinnerung haften. Vom ersten, scheinbar unbewegten und doch schon schicksalsschweren »Ich muß hier warten …« über das wachsende Erkennen der Schwester, über das fast bebende und doch innig überströmende »Die Hunde auf dem Hof erkennen mich – und meine Schwester nicht …?« hin zum alle Vorsicht sprengenden Jubel geht eine dichterisch-musikalische Linie, die allein genügen würde, das Werk zu den unvergänglichen des Musiktheaters zu zählen.

Aegisth: eine kurze, aber nicht leichte Rolle. Charakterlich dem Herodes (in »Salome«) entsprechend. Er wird im Stück »Memme« genannt, mehr als einmal ihm jede männliche Tugend abgesprochen. Es heißt, *Richard Strauss* habe die Tenöre nicht geliebt, bei Herodes und Aegisth scheint es sich zu bestätigen. Herodes ist der Bedeutendere von beiden, Aegisth ist fast nur unsympathisch –, welcher Sänger möchte das gerne sein, und gar ein Tenor!

Im Mägde-Ensemble (vielleicht dem Juden-Ensemble der »Salome« zu vergleichen, auch an Schwierigkeit) nimmt die

Fünfte Magd eine Sonderstellung ein, dramatisch wie stimmlich. Ihre Verteidigung Elektras muß wirken, schon im Kontrast zum Haß der anderen. Diese Rolle sollte von einer ersten Sängerin besetzt werden!

8. Es gibt Meinungen, die besagen, daß die griechischen Namen tiefere Bedeutung haben. Dazu wäre es notwendig anzunehmen, daß diese Namen – wie alle aus Mythologie und Sage jenes Kulturkreises – erst später, nach dem Wirken ihrer Träger, diesen zugeteilt wurden, so daß sie deren Charakter und Taten der Nachwelt überliefern.

In »Agamemnon« ist die Verantwortung, das »Sorge tragen« herauszulesen, das diesen Anführer des griechischen Heeres im Trojanischen Krieg ausgezeichnet haben muß.

»Orest, Orestes«, hängt mit »Berg« zusammen: Es ist die Festigkeit, Unwandelbarkeit, der eiserne Wille (zur Rachetat) hier angesprochen.

Auch in »Elektra« steckt rein sprachlich (von »elektron«, was griechisch »Bernstein« heißt und auch eine Mischung von Gold und Silber bezeichnet – meist im Verhältnis 4 zu 1, also härter als Gold ist) dieses Feste, Harte.

Über Chrysothemis' Namen schließlich muß man nachdenken. Der erste Teil stammt von »chrysos« (Betonung auf dem o), was Gold bedeutet; ist es ihr traditionell »helles« Wesen, das ebenfalls traditionell und in vielen Inszenierungen beibehaltene goldene Haar, das sie zur natürlichen Gegengestalt der eher dunklen, auch von dunklen (Rache-) Trieben gehetzten Schwester Elektra macht? Ist es ihr gutes, sehnsüchtiges Herz (Gold ist bekanntlich eher weich), das in dieser Oper sehr klar zum Ausdruck kommt? Weich heißt auch schwach: das ist sie neben ihrer Schwester; aber Gold ist auch rein und edel, und beides ist sie in der Darstellung von *Hofmannsthal* und *Strauss*. – Im zweiten Teil ihres Namens steckt »themis«, ein weitgespannter Begriff, der von »Sitte, Brauch« bis zu »Gesetz« reicht; es könnte vielleicht bedeuten, daß sie das berücksichtigt, was »festgesetzt« ist, sich den Machthabern also anpaßt.

9. *Hugo von Hofmannsthal* hat seinem Textbuch sehr genaue szenische Anweisungen auf den Bühnenweg mitgegeben. Warum versuchen »moderne« Regisseure (fast sollte man

bei einigen von ihnen das Wort »Regisseure« in Anführungszeichen setzen) diese zu ignorieren, umzudenken, ja manchmal in ihr Gegenteil zu verkehren? Da erlaubt sich eine solche Spielleiterin – was ja Regisseur bedeutet – »Elektra« in einem Irrenhaus spielen zu lassen. Mit welchem Recht? Das ist keine berechtigte Umdeutung, kein zu rechtfertigender Versuch einer »Modernisierung«. Das ist pure Profilierungssucht, überflüssiger oder krankhafter »Originalitätswahn«, – und dies an einem fast dreitausendjährigen Mythos! Man spiele »Elektra« so, wie ihre Autoren es wünschten, was übrigens für jedes Werk geistigen Eigentums zu gelten hat. Und wenn das Gesetz solche Fälschung nicht zu verbieten oder zu ahnden vermag, warum läßt das Publikum sich derartiges bieten? Es hat dafür bezahlt, das Werk in seiner wahren Gestalt zu erleben. Davon aber ist in vielen Inszenierungen heutigen Theaters nicht die leiseste Spur mehr vorhanden. Wie es Verbrechen an menschlichen Körpern gibt, so gibt es sie auch an menschlichem Geist. »Umdichtungen« von angeblich zum Dienst am Werk Bestellten sind solche.

Daten zum Leben der Autoren von »Elektra«

1864 Am 11. Juni Richard Strauss in München geboren, Sohn des Hornisten der Hofkapelle (und der Bayreuther Festspiele) Franz Strauss und seiner Gattin Josephine Pschorr.

1874 Am 1. Februar Hugo (Laurenz August) von Hofmannsthal in Wien geboren, Sohn des Bankdirektors Dr. Hugo von Hofmannsthal und seiner Gattin Anna Fohleutner.
Strauss bezieht, nach vierjähriger Elementarschule und mit bereits beachtlicher Fertigkeit im Klavier- und Violinspiel, das Ludwigsgymnasium in seiner Vaterstadt München.

1875 Strauss beginnt mit dem Studium in Musiktheorie, der bald Kompositions- und Instrumentationsunterricht folgen.

1881 Strauss schreibt seine 1. Sinfonie (in d-Moll).

1882 Strauss besteht das Abitur, bezieht die Universität München zum Studium der Philosophie, Ästhetik und Kunstgeschichte.
Erster Besuch der Bayreuther Festspiele mit dem Vater, wo ihn – wie nahezu alle anderen jungen europäischen Musiker – »Parsifal« tief beeindruckt.

1884 Hofmannsthal kommt in das Akademische Gymnasium zu Wien.
Strauss debütiert als Dirigent in München.

1885 Strauss geht als Kapellmeister (neben Hans von Bülow) nach Meiningen.

1886 Strauss unternimmt eine erste Italien-Reise, wird dritter Kapellmeister an der Münchner Hofoper.

1887 Strauss schreibt die Tondichtung »Aus Italien«, lernt Pauline de Ahna kennen, seine spätere Gattin.

1889 Strauss wird Musikalischer Assistent in Bayreuth, Kapellmeister am Hoftheater in Weimar, komponiert »Don Juan«.

1890 Hofmannsthal veröffentlicht unter dem Pseudonym »Loris« erste aufsehenerregende Gedichte in Wien und kommt in prominente Literatenkreise, die sich in Kaffeehäusern der Innenstadt versammeln.

Strauss dirigiert als Gast die Berliner Philharmoniker, komponiert »Tod und Verklärung« und »Macbeth«.

1891   Strauss erleidet in diesem und den folgenden Jahren ernste Erkrankungen der Atmungsorgane, die erst durch längere Aufenthalte im Süden geheilt werden können.

Hofmannsthal unternimmt seine erste längere Reise nach Südfrankreich. Veröffentlicht den »Tod des Tizian« in den »Blättern für die Kunst«, an denen er regelmäßig mitarbeitet.

Er beginnt Studien an der Universität in Wien.

1893   Strauss in Sizilien, Ägypten, Korfu, im Sommer in der Villa seiner künftigen Schwiegereltern de Ahna in Marquartstein (Oberbayern).

Dirigiert in Weimar die Uraufführung von Humperdincks »Hänsel und Gretel«.

1894   Strauss' erste Oper »Guntram« fällt in Weimar durch.

Dirigiert erstmals in Bayreuth (»Tannhäuser«).

Heirat mit Pauline de Ahna.

Erster Kapellmeister in München.

Übernimmt nach dem Tode Hans von Bülows eine Reihe von dessen Konzerten mit den Berliner Philharmonikern.

Hofmannsthal macht, eher unmotiviert, das erste juristische Staatsexamen.

Absolviert das »Freiwilligenjahr« in der österreichisch-ungarischen Armee.

1895   Strauss komponiert »Till Eulenspiegels lustige Streiche«.

Er leitet die Münchner Akademie-Konzerte.

Hofmannsthal beginnt sich für romanische Philologie zu interessieren.

1896   Münchner Hofkapellmeister.

Konzertreise nach Rußland, stark anwachsende internationale Dirigententätigkeit.

Komponiert »Also sprach Zarathustra«.

1897   Hofmannsthal veröffentlicht eine Reihe wichtiger Werke (Lyrik, Novellen, Theaterstücke).

Dem jungen Ehepaar Strauss wird ein Sohn (nach dem Großvater »Franz« genannt) geboren.

1898 Strausss wird für zehn Jahre Preußischer Hofkapellmeister an der Oper in Berlin.

Mitbegründer der ersten »Genossenschaft deutscher Tonsetzer«.

Komponiert »Don Quixote«.

Erste Aufführung eines Stücks von Hofmannsthal (»Die Frau im Fenster«) in Berlin.

1899 Strauss: »Ein Heldenleben«.

Starke Dirigententätigkeit.

Zahlreiche Neuerscheinungen Hofmannsthals (u. a. »Der Tor und der Tod«).

1900 Erste, flüchtige Begegnung zwischen Hofmannsthal und Strauss bei dessen Konzerten in Paris.

Hofmannsthal, inzwischen Dr. jur., verfaßt eine Habilitationsschrift über das Leben Victor Hugos.

1901 Strauss übernimmt die Leitung des Berliner Tonkünstlerorchesters, mit dem er 1902 eine ausgedehnte Konzertreise unternimmt.

Seine zweite Oper »Feuersnot« findet in Dresden keine freundliche Aufnahme.

Hofmannsthal heiratet Gertrud Schlesinger und bezieht mit ihr das Schlößchen in Rodaun bei Wien, das er bis an sein Lebensende (1929) bewohnt.

1903 Strauss-Fest in London.

Ehrendoktorat der Universität Heidelberg.

Strauss sieht in einem Berliner Theater Oscar Wildes »Salome« und beschließt, sie ohne den Umweg über ein Libretto zu vertonen (Literaturoper).

Am 30. Oktober wird Hofmannsthals »Elektra« in Berlin uraufgeführt, wobei Gertrud Eysoldt die Titelrolle verkörperte und der junge, rasch zu Weltruhm aufsteigende Max Reinhardt die Regie führte.

1904 Strauss unternimmt die erste Konzertreise nach Nordamerika.

1905 Durchschlagender Erfolg von Strauss' »Salome« in Dresden (9.12.).

1906 »Salome« erobert die Welt.

Strauss ist tief beeindruckt von Hofmannsthals »Elektra« und beschließt, sie entgegen vieler anderer Pläne als nächsten Opernstoff zu erwählen. Er setzt sich mit dem Dichter in Verbindung, der berühmte Briefwechsel nimmt seinen Anfang (wenn man nicht die frühesten Schreiben von 1900 mitrechnen will, die sich lediglich auf die Ablehnung eines Ballettstoffs von Hofmannsthal durch Strauss bezogen).

1907 Strauss ständiger Gastdirigent der Wiener Philharmoniker.

Hofmannsthal übernimmt die Leitung des Literaturteils der Wochenschrift »Morgen«.

1908 Umbau der Garmischer Villa, die Strauss aus den ersten Erlösen der »Salome« erwerben konnte und die das glückliche Heim der Familie bis zum späten Tode des Komponisten (1949) bildete.

Nach einer anstrengenden Konzertsaison beginnt Strauss mit seiner intensiven Arbeit an »Elektra«.

1909 Uraufführung in Dresden (25.1.) der ersten gemeinsamen Arbeit, der Oper »Elektra«, die weltweit Aufsehen erregt.

Hofmannsthal schlägt Strauss eine neue gemeinsame Oper vor, die später den Namen »Der Rosenkavalier« erhält. Er hat das Szenarium in wenigen Tagen in Weimar entworfen, wo er zu Besuch bei seinem Freund Harry von Kessler weilte, der an Idee und Ausführung tätigen und wahrscheinlich wichtigen Anteil nahm, dann aber auf die Nennung seines Namens verzichtete.

Hofmannsthal entwirft, unter zahlreichen Werken jener kreativen Epoche, die Novelle »Lucidor«, die eines Tages, mehr als zwanzig Jahre später, die Grundlage zur Oper »Arabella« bilden wird.

1910 Strauss dirigiert zum ersten Mal in der Wiener Hofoper.

1911 Uraufführung (in Dresden, 26.1.) des »Rosenkavalier« in der Inszenierung Max Reinhardts, der offiziell nicht auf dem Programm steht, aber im letzten Augenblick das Stück »rettet«.

Strauss-Tage, Strauss-Wochen in zahlreichen Städten Deutschlands, aber auch in anderen Ländern.

Hofmannsthals »Jedermann« erlebt in Berlin seine Uraufführung. Später wird dieser bei den Salzburger Festspielen zu deren festem, sehr publikumswirksamen Mittelpunkt.

1912   In Stuttgart erfolgt (25.10.) die Uraufführung der ersten Fassung der »Ariadne auf Naxos«, die aus einem gesprochenen Vorspiel (auf einen Text Molières) und einer einaktigen gesungenen Oper mit Text von Hofmannsthal und Musik von Strauss besteht, aber vorläufig wenig Verständnis bei Publikum und Presse findet.

1913   Gemeinsame Italienfahrt der Familien Strauss und Hofmannsthal. Beginn des Gedankenaustausches über die Oper »Die Frau ohne Schatten«, die dem Dichter wie dem Musiker ganz besondere Aufgaben zu stellen scheint (»... eine Art neuer ›Zauberflöte‹ ...«)

1914   Uraufführung des Balletts »Josephslegende«, Musik von Strauss auf eine Idee und ein Szenarium von Hofmannsthal.
Strauss wird Ehrendoktor der Universität Oxford.
Hofmannsthal wird bei Kriegsausbruch eingezogen, kommt als Landsturmoffizier nach Istrien.

1915   Strauss: »Eine Alpensinfonie«.
Das Gedenkkonzert für den verstorbenen Dirigenten Ernst von Schuch, der Strauss' früheste Opern aufgeführt hatte, wird von diesem in Dresden geleitet.

1916   »Ariadne auf Naxos« in der zweiten, durchkomponierten Fassung, in Wien (4.10.)
Hofmannsthal folgt, ohne je in Kämpfe verwickelt zu werden, dem Kriegsgeschehen auf verschiedene Schauplätze: Brüssel, Warschau usw. und hält Vorträge über österreichische Kunst und Kultur.

1917   Beide Künstler beteiligen sich aktiv an den frühesten Plänen zu den Salzburger Festspielen, gemeinsam mit Hermann Bahr, Max Reinhardt, dem Wiener Dirigenten Franz Schalk u.a.

1918   Strauss, ausgeschieden aus der Berliner Oper, findet eine immer engere Bindung zu Wien.

1919   Strauss wird (neben Franz Schalk) Direktor der Wiener Staatsoper (und bleibt es bis 1924). Er übersiedelt nach

Karikatur von Richard Strauss um 1912 von Eduard Grützner.

Wien, wo die Stadt ein prächtiges Palais zur Verfügung stellt.

1920 Beginn der Salzburger Festspiele; »Jedermann« am 22. August erstmals auf dem Domplatz.
Strauss leitet (mit Schalk) eine triumphale Südamerikatournee der Wiener Philharmoniker.

1921 Auf dem Donaueschinger Musikfest wird eine »Strauss-Esche« gepflanzt.
Uraufführung von Hofmannsthal Lustspiel »Der Schwierige« in München.

1922 Uraufführung von Hofmannsthals »Großem Welttheater« in Salzburg.
Strauss dirigiert bei den Salzburger Festspielen und unternimmt seine zweite und letzte Konzertreise in die USA.

1923 Strauss leitet die ebenso erfolgreiche zweite Südamerika-Reise der Wiener Philharmoniker mit Sängern der Wiener Staatsoper.
Hofmannsthal verfaßt das Drehbuch zum »Rosenkavalier«-Film. Er beendet das Libretto zur »Ägyptischen Helena« für Strauss. Uraufführung des Lustspiels »Der Unbestechliche«

1924 Zahlreiche internationale Ehrungen zum 60. Geburtstag von Strauss.
Abschied von Wiens Oper.

1926 Strauss nimmt erneut freundschaftliche Beziehungen zur Wiener Oper auf, die nun regelmäßig seine Werke spielt.
Der »Rosenkavalier«-Film wird erstmals dem Publikum vorgeführt (Dresden, 9.1.).

1927 Strauss' Oper »Intermezzo« auf eigenen Text wird in Wien (15.1.) aufgeführt.
Am 1.11. wird der erste Enkel geboren.
Hofmannsthal hält einen Vortrag in der Universtiät München.

1928 Die Oper »Die ägyptische Helena«, Text von Hofmannsthal, Musik von Strauss, wird in Dresden am 6.6. bei den Festspielen uraufgeführt, kann sich aber nicht auf den Bühnen halten.

1929 Am 15. Juli stirbt in Rodaun bei Wien Hugo von Hofmannsthal durch einen Schlaganfall. Dieser ereilte ihn, als er sich gerade zum Begräbnis seines Sohnes aufmachen wollte, der am 13. durch Selbstmord geendet hatte.

1933 Uraufführung der letzten gemeinsamen Oper »Arabella«, deren Textbuch Hofmannsthal noch kurz vor seinem Tode vollenden konnte. (Dresden, 1.7.)
Strauss springt für Toscanini bei den Salzburger Festspielen ein, als dieser aus politischen Gründen absagte. Er wird Präsident der Reichsmusikkammer und bleibt es bis 1936, als er dem wachsenden politischen Druck weichen muß und in eine zwiespältige Lage zum »Dritten Reich« gerät.

1936 Es kommt anläßlich der Dresdener Uraufführung der Oper »Die schweigsame Frau« zu offenem Konflikt zwischen Strauss und den deutschen Machthabern. Diese wollen die Nennung des Librettisten Stefan Zweig aus rassischen Gründen versagen, Strauss hält aber an seinem neuen Textdichter fest, über dessen Mitarbeit er des Lobes voll ist.

1937 Zu den bereits zahllosen Ehrenbürgerschaften, Ehrenmitgliedschaften, Festwochen mit seinen Werken usw. treten immer neue Huldigungen für Strauss, der zu den anerkanntesten Komponisten aller Zeiten gehören dürfte.

1938 Strauss – gezwungen, die Zusammenarbeit mit Stefan Zweig aufzugeben – findet im Wiener Literaten Joseph Gregor einen neuen Librettisten. Ihr gemeinsames Werk »Friedenstag« erlebt am 24.7. in München seine Uraufführung, am 15.10. in Dresden beider Oper »Daphne«.

1939 Am Vorabend des Zweiten Weltkriegs wird Strauss' 75. Geburtstag auf der ganzen Welt mit Aufführungen und Ehrungen gefeiert.

1942 Noch wird in Deutschland das Musikleben aufrecht erhalten, und Strauss dirigiert in Wien, Salzburg, Berlin usw.
Mit seinem Lieblingsdirigenten Clemens Krauss verfaßt er in seiner Garmischer Villa den schönen Text zur Oper »Capriccio«. Er komponiert sie in jugendlicher Frische, das Werk wird am 28.10. in München uraufgeführt.

»Die elektrische Hinrichtung«
Karikatur von F. Jüttnerog, nach der Uraufführung der »Elektra«, die
sich auf das den armen Hörer übergießende Klangmeer bezieht…

1944 Stiller geht es um den 80. Geburtstag her, aber Strauss
      besucht noch einmal Wien und Dresden.
      In Salzburg findet die Generalprobe seiner letzten Oper
      »Die Liebe der Danae« statt, mit Libretto von Joseph
      Gregor, aber zu einer Uraufführung kommt es nicht
      mehr: das volle Wüten des Krieges hat eingesetzt.

1945 Die größten Opernhäuser Deutschlands fallen in Schutt
      und Asche: zum zweiten Mal die vorschnell wieder auf-
      gebaute Lindenoper in Berlin, die Häuser in München,
      Dresden, Wien und viele andere.
      Strauss, der das Kriegsende im stillen Garmisch erlebt
      hat, wird von den Besatzungstruppen mit Hochachtung
      behandelt.
      Um seine angegriffene Gesundheit wiederherstellen zu
      können, übersiedelt er zeitweise in die unbeschädigte
      und gut versorgte Schweiz.

1949 Rückkehr nach Garmisch. Weltweite Huldigungen zum
      85. Geburtstag.
      Tod am 8. September nachmittags in Garmisch.

1950   Am 13. Mai stirbt, ebenfalls in Garmisch, Pauline Strauss, die Gefährtin seines Lebens –, klug, voller Verständnis, liebevoll, wie nicht viele große Musiker sie besaßen.

1952   Am 14.8. wird bei den Salzburger Festspielen die letzte Oper, »Die Liebe der Danae« (Text von Joseph Gregor), posthum und feierlich uraufgeführt.

OPERNFÜHRER

OPERN DER WELT

Herausgegeben von Kurt Pahlen

Kompletter Text in der Originalsprache, gegebenenfalls mit deutscher Übersetzung mit musikalischen Erläuterungen, Geschichte der Oper, Inhaltsangabe mit zahlreichen Fotos und Illustrationen und Kurz-Biographie des Komponisten.

In allen Buch- und Musikalienhandlungen erhältlich!

Serie Musik PIPER · SCHOTT